# 続 忘れられぬ人々

赤松良子自叙伝

赤松良子

ドメス出版

ウルグアイより帰国直後（日比谷公園・労働省前 1989年）

堂本暁子元千葉県知事と（2001年）

桜の木の下で
（右/安陪陽子さん 2017年）

イルカ像の前にて（鴨川シーワールド
2017年）

旭日大綬章を受章（2003年）

在日アメリカ大使館でスピーチ
（2010年ごろ）

軽井沢の小宮山洋子氏を訪問（2017年）

# まえがき

三年前の二〇一四年に『忘れられぬ人々』（ドメス出版）を出版したときから、いずれ「つづき」を書かなければと思っていた。原則として、鬼籍《きせき》に入られた方々を取り上げて書くことにしているのだが、私があの世に旅立つまでには、思い出す方々は書いておきたいと思うので、ご存命の方についても触れることになるであろう。すでに中村道子先生（白寿に近い）と西本綾子さん（小学校時代の友人）は書き終えているのを許していただきたい。

はじめの計画では、八八歳の誕生日までに『続 忘れられぬ人々』を出版して、お祝いしてくださった方々に私からのプレゼントとして差し上げるつもりであったが、なまけてしまったせいで、間に合わない。

私の家系はかなり長命で、母は八六歳まで生き（四五年以上前のこと）、姉は九四歳で、健常とはいえないがまだ存命である。その例でいくと、私はまだこの世からおさらばとはならないのではないかと、勝手に思いこんでいるが、そんなことは、あてになるわけがない。とりあえず、今準備をしてあるものを書き終えて、一〇月には原稿を仕上げたいと念じている。

というと、重い荷物をかついでいるように思えるが、懐かしい人々を思い出して書いていくのだから、楽しい面があって当然である。というより、いやな人のことは思い出すのも不愉快だから、できれば忘却の彼方へと押しやり、良い思い出を掘り起こして書き留めるという方針でいこうと思っているのである。

それでは人生のつらい側面は書けていないという批判を受けることになるではないかと思わないではないが、人の悪口は書きたくないのだから、仕方がない。

したがって、私という人間に興味か関心をもってくださる方が、ヒマがあったら手にとって、私がどういう方と交友をもち、どういう影響を受けたかを読みとり、たまにフフッと笑ってくだされば、とても嬉しいことだろう。それを実現してくださるドメス出版の矢野操さんにあらかじめお礼を申しあげたい。

二〇一七年八月二四日

赤松　良子

『続　忘れられぬ人々』赤松良子自叙伝 ＊ もくじ

まえがき　1

第一章　幼少のころ

井上こひでさん　15
ステキなオバさんは「職業婦人」／「モノ知り」だったオバアさん／
平和な時代から一転して

清水郁子さん　23
ピシャリ！　とひとこと／教育熱心なお母さん

西本綾子さん　28
おっとりとした人柄

第二章　津田塾時代の三年間

井口美登利さん　33
空腹に悩まされた日々／点字訳を一生の仕事として
河内綾子さん　37
彼女の残した翻訳の仕事／スピーチ・コンテスト／
ルーム・メートとして／キラリと光るセンスの良さ
野口智子さん、井村喜代子さん　48
東寮・「深川」での共同炊飯

## 第三章　東京大学での三年間

変わり種・来栖三郎先生　53
大きな風呂敷に／趣味は将棋
土佐出身の猪野順子さん　58

「高野老」のこと　60
「ケイコウトウ」とあだ名され／選んだ裁判官への道
ボーイフレンド・Nさん　64
大学最後の年　66

## 第四章　労働省に入る

婦人少年局婦人課へ　71
田中寿美子課長と深尾須磨子
五三会　80
あだ名は「社長」・森英良氏／五指を数える酒飲み・谷口隆志氏／
俊秀・関英夫氏
埼玉労働基準局時代　86

調査課への配属／隣室・婦人少年室での楽しみ
労働市場調査課に　92
気づいた男女差別／優しかった職場環境／悠々とした上司のもとで
群馬労働基準局時代　97
部下との付き合い／労務管理について学ぶ
山梨労働基準局長として　102
初めて女性を局長に起用／五課の課長たち／審議会委員との付き合い
次官から市長・桑原敬一氏　111

第五章　国連公使時代

勇躍　ニューヨークへ　117
生粋の外交官・西堀大使／西田次席大使のこと／

古典的な外交官気質・大川大使／陽気なアメリカ女性・マーギハース／川村清・庸子夫妻／オペラ大好き・テレサのこと／ウサコ・高林益江さん

## 第六章　歴代婦人少年局長

山川菊栄氏　135
藤田たき先生　137
谷野せつ氏　138
筆頭課長から栄進／「忍耐力」と「質実剛健」／大羽綾子氏と富田展子氏／局長在任一〇年のキャリア／高橋課長とホームヘルプ制度／大羽課長と若年定年制
高橋展子局長時代　152
チャレンジ精神旺盛／「勤労婦人福祉法」の作成に携わる／高橋展子氏との深い縁

七代目・婦人少年局長として　159
二人目の女性大使／同じ釜の飯

## 第七章　均等法をつくる

婦人少年問題審議会のこと　167
労働者側、使用者側の代表の激突
日経連会長・大槻文平氏　172
大物にも臆せず・堤清二氏　174
優れた戦略家・山野和子氏　176
女子保護規定の撤廃に抗して
部会長・渡辺道子氏　180

あとがき　183
赤松良子　略年表　186

カバー画　赤松　麟作
装　　幀　市川美野里

# 第一章

# 幼少のころ

姉・幸子(右)と　(1942年)

幼児期に親しかった人で、『忘れられぬ人々』に書いた親兄弟や親類の人以外に忘れられない人はいないのだろうか？　いや、いました。思い出しました。

# 井上こひでさん

## ステキなオバさんは「職業婦人」

なかなかステキなオバさんだった。私の住んでいた家のすぐ前に小さな長屋《ながや》が三軒並んでいた。その真ん中の一軒がその人の家で、彼女はそこから毎朝、八時ぐらい（だったと思う）に欠かさず、きちんと着物を着て、風呂敷包みをひとつ持って出かけるのである。私の家は大阪の市内、家がびっしり建っていて、市電の停留所へ歩いて五、六分というところにあった。彼女はそこから小さな電車に乗って勤め先へ通う人だったのである。

昭和の初め、女性は働いていたか？　ある意味ではほとんどみんなが働いていた。人口の大半を占めていたのは農村の女性で、重要な労働力であった。田植え、稲刈り、草とり、肥料やり、朝から夜まで休むヒマなく働いて、土、日の休日などはなく、それなのに自分のふところには独立した収入などなかった。

あの時代から増えてきていたサラリーマンの妻、これだって今のように電気洗濯機や掃除機があるじゃなし、近所に何でも売っているスーパーがあるじゃなし、ゴロゴロしているヒマなどなかったものだ。今のようにパートの働き口などはないし、そんな時間もなかったから、自分自身の収入を得ることはほとんど不可能だった。

だからへソクリということをした。家計費を入れる財布と別に袋を持ち、そこへ少しずつ倹約した分を貯《た》めておき、ある程度貯まったら、ほしかった品物を買ったり、ちょっと時間をつくって映画（活動写真といっていた）を見たりするのである。もとはといえば亭主の稼いだ金なのだから、無断流用になるわけだが、毎日、掃除、洗濯、料理など、ヒマなく働いているのに、給料はないのだから、ヘソクリぐらいしたって良心がとがめることはないのだ。それに、このころから、日本のサラリーマンは月給をもらったら、そのまま妻にわたし、逆に小遣いをもらうという習慣ができていたので、ヘソクリぐらいわけなくつくれたようである。

そして、少数ではあったが、毎日勤めに出て、給料をもらうという形の女性が存在していた。専門職としては、学校の教師と看護婦、一般職ではタイピストと電話交換手というのが代表的な職種だった。だが、女性の賃金労働者というのは大きな存在ではなく、今日のようにキャリアウーマンという言葉もなく、「職業婦人」という言葉はいくぶん軽蔑的なひびきがあったようである。

お向かいのオバさんは、何ゆえ「職業婦人」になったのかは、小学校にもまだ行かない子どもに誰も教えてくれたわけではないが、わかったことは、この人には夫はなく、大学生の息子が一人いて、七〇代のオバアさん（オバさんの母）が家にいて、留守番をしていた。つまり、オバさんは一家の稼ぎ手であったのだ。夫に死なれたのか別れたのかは、誰も教えてくれなかったが、姉なる人が一人いて、この人は町家に嫁ぎ、妹のほうが母親と暮らしていて、いわゆる家付き娘のようであった。

このお向かいの家のオバさんの出勤を、毎朝のように市電の停留所まで見送るのが私の日課であった。小学校へ入る前の幼児は、ほかにすることがないので、せっせと見送りをしながら、自分も大きくなったら、毎朝きちんとして出かける生活をしたい、と考えたのだった。

出かけた先で、どんな仕事が待っているのかは何もわからないのだが、ちゃんとした格好で行くのだから、家で掃除や洗濯をしている他のオバさん（母も含めて）たちより、立派な仕事なのだろう。たすきがけして、裾からげまでして、たらいの前でごしごし洗濯をしているはずはないと小さい頭の中で考えていた。

このほうがカッコいい！　そこで、私の行く末は「職業婦人」ということになったのである。

## 「モノ知り」だったオバアさん

そして、お留守番のオバアさん。静かに「コタツ」に足を入れて座り（何故か冬の景色しか思い出さない）、私の相手をしてくれた。明治より前の生まれなら、学校など行ったことはないかもしれないわけだが、とても「モノ知り」だった。幼児の尋ねることに、ちゃんと答えられた。ちょっとしたすりむききずなど、すぐ簡単に手当てをしてくれた。優しくて上品なお年寄りになついた私は、母や姉がかまってくれないと感じると、すぐに行けるところがあって幸せだった。

でもその方はだんだん元気がなくなり、遊びに行かないようにいわれて間もなく、あの世へ逝《い》ってしまわれた。七四歳だったと聞いたが悲しかった。人生の淋しさを感じた初体験だったのであろう。昭和一桁（一九三五年ころ）だから、戦争で死ぬ人はまだ少なかったが、「人生五十年」という言葉が確立していたから、平均寿命は五〇代だったのだろう。

## 平和な時代から一転して

このオバアさんのお隣の一家とも親しくしていた。私より一歳上の男の子と仲良しだったので、親たちも子どもをよく遊んでもらっているという感覚で付き合っていた。今のように、いろいろなスポーツなどない時代で、唯一国民にゆきわたっていたのが相撲であった。家の座敷の真ん中の二畳を土俵にみたて、そこで小学生（低学年）がどたんばたん取り組むのである。

男の子の遊びなのだが、おてんばの私は、向かいの坊やと年中、それをやっていた。彼のほうが体も大きく、強いに決まっているのだが、そこは仲良しだから、ときどきちゃんと負けてくれ、機嫌を損ねないようにしているのは幼なじみの良さであった。

母親はそれを好しとして、相撲の興行が大阪へやってきたとき（年に二度、東京両国からやってくる）、本物を見に二人を連れて行ってくれた。ラジオの実況放送が始まったばかりの時代だったから、実物を見に行くのは大変興奮する出来事だった。

両親に甘やかされ、近所の人たちとも仲良く、小学校に入り、昭和一桁は平和に過ぎていった。けれど日の丸の旗をふって、バンザイと叫びながら行進する日が増えた。一九三七（昭和一二）年に「支那事変」と呼ぶ戦争が始まっていたのである。あまり深刻に考えていなかったのが、何か世の中が陰気になっていき、モノが不足するような感じになり、それをがまんすべきだといわれ、文句をいうのは「非国民」だと非難されるように変わっていった。

それでも、「支那事変」の間はまだよかったが、小学校六年のとき、アメリカ、イギリスを相手の大戦争が始まって、急速にひどい世の中になっていく。しばらくの間「勝った勝った」と喜ばされていたのが、何だかウソくさくみえてきたと感じたら、敵の飛行機が頭の上に飛んでくるようになり、その数が増え、たびたびきて爆弾を落とすようになり、一九四五（昭和二〇）年三月に大阪の中心部が焼けおちた。

これは大変と郊外（豊中市岡町）に親子三人疎開した。借りた家は小さいので日常使うもの程度しか持ち出せなかったが、六月の大空襲で旧宅は全焼し、そこに入っていた姉夫婦は焼けだされて、ころがりこんできた。

二階の六畳を勉強部屋にしていた私は、そこを明け渡し、階下に両親と三人、幼児のときのように身を寄せあって暮らすことになった。命が助かっただけでもありがたいと思わなきゃ、という時代だったから、両親も姉夫婦も文句はいわなかったが、アトリエとそこに置いてあったたくさんの自作の画を消失した父はさぞ残念であっただろう。買いためた大事な着物や家財を失った母もさぞ悲しかったであろう、と今になって胸が痛む思いがする。それに焼け跡へ行って探してみても、近所にあった風呂屋の釜らしきもの以外は、何も見あたらなかった。

向かいのオバさんや幼なじみの坊やもどこかへ逃げられたではあろうと思ったが、もう会うことはできないということで、戦争の理不尽さを思い知らされたのであった。

# 清水郁子さん

## ピシャリ！　とひとこと

小学校時代からの友人に清水郁子さんがいた。またの名（芸名）を園佳也子《そのかやこ》といえば、覚えている方もいるでしょう。彼女がその名で大阪みゆき座などへ出ていたのも、ずいぶん古い話となってしまった。ふけ役が得意だったせいか、年をとるのが早く、あっというまに散ってしまった。

でも私との友情は半世紀を越したのだった。

小学校（大阪）の五年生のとき、同じクラスになったのである。そのあと同じ女学校（大阪府立夕陽丘高等女学校）に進み、私が四年で卒業（五年制なのだが、終戦直後の変

清水郁子さん（のちの園加也子）

則で、四年でも卒業できた）して、神戸女学院専門学校に一年いたあと、津田塾専門学校へ入ったとき、五年で卒業した彼女が神戸女学院の同じ英文科へ入って、新制大学を卒業したあと、芸能界で働くようになった。

水谷良重（現 二代目八重子）、森光子などと一緒に頑張っている姿に応援を送るべく、女学校の同級生たちと大挙して劇場へ押しかけたのも懐かしい思い出だが、何といっても、彼女の印象が強く残っているのは小学校時代のころである。

郁子さんはとても成績の良い子で、国語や算数のような学課ばかりでなく、裁縫や体育まで、クラスで一番、悪くて二番という状態だった。性格も明るく活発なので、先生からの受けも上々で、他の生徒の追随を許さなかった。私たちは小学四年までは別のクラスで、直接の接触はなかったが、五年生になるときの組変えで、同じ組になり、どちらも背の低いほうなので、席も近くに座ることになった。

一度彼女にピシャリとやられたことがあった。クラス（女子ばかり）のなかに、成長の少し遅れた、できの悪い子がいて、みんなからバカにされていた。私はすぐ後ろの席だったが、ある日、彼女をからかう歌をつくって、まわりに聞こえるように歌っていたところ、郁子さんが「よしなさい！」とキツい調子で言った。私はすぐやめて反省し、相手を尊敬する気持ちをもった。

## 教育熱心なお母さん

そのうち、学課に「歴史」や「地理」が入ってきて、記憶力の良い私は、成績がとても良い部類の生徒になった。郁子さんを怖がらずにすむようになり、父のアトリエを見せてあげるといって自宅に誘い、彼女の家へも遊びに行った。市電の電車道を曲がった角にある立派な家だった。

父君は大きな製紙会社の重役なのだとのことで、顔を見たことはなかったが、母君のほうは、結婚前、学校の先生だったという話であった。フチなしメガネ（当時とてもハイカラに見えた）をかけたインテリで、いちばん素敵に思えた。私の母は優しくていい母だとは思っていたが、年をとっているし、かといって貫禄があるわけでもなく、頭は良くても学校を出ていないので、インテリには見えなかったから、清水さんのお母さんはすごいなあと憧れたものである。

女学校の受験が近づいてきて、入試のときの口頭試問の準備ということを、教育熱心なこのお母さんが、郁子さんと私を前に座らせてやってくださった。問題集を見ながら、きちんと質問をし、私たちは真面目にお答えするという形式だった。私の母は、自分はそういうことはできないので、ただ感謝をしていた。

その甲斐あって、清水さんと私は名門女学校に無事入学し、クラスは別々になったが、交友は長くつづいた。私が東京の学校を出て国家公務員になり、彼女は神戸女学院大学卒業後歌手になり、俳優になり、まったく別の途を歩いたが、専業主婦になった同級生の多くの人たちと違う職業人ということで、同窓会では話をしあう機会をもった。

そんなときに彼女のいった言葉で印象に残っているのが、「背がもう一〇センチ高かったら、天下をとれるのだが……」というのだった。女優として天下をとるというのは大スターになるということらしいと思い、さて私はどうしたら天下がとれるのか、とも思いをめぐらせたが、背とは関係ないかとホッとした。

# 西本綾子さん

## おっとりとした人柄

小学校時代からの友だちで忘れられない人というのは、清水さんのほか、西本綾子さんがいる（結婚して時枝さん）。女学校は同じ夕陽丘だったが、そのあと大阪の樟蔭《しょういん》女子専門学校の国文科に進んで、文学史などを勉強されたかと記憶する。

文豪田辺聖子氏と同級ぐらいだったようで、私がお聖《せい》さんの小説を買いこんで読むようになって、そちらの話がはずんだ時期もあった。裕福な建築家のお嬢さんで、おっとりした人柄だった。三人姉妹の末娘で、家が近いこともあり、仲良く付き合えた。長姉の方が、津田を卒業し、英語の先生になってしばらくしてから、京都大学の経済学部に進まれたのに、私は大きな刺激を受けた。

終戦後すぐの時代で、旧帝国大学がすべて女性にも門戸開放したことを知り、えらい時代になったものだと思っていたら、身近にその帝大に入った人が現れたのである。この方のことは『赤松良子　志は高く』（有斐閣、一九九〇年）にすでに書いたが、私の姉と同じ年なのに、早く亡くなってしまわれ、晩年まで英語教育で活躍しておられたのにと、淋しく思っている。

西本綾子さん（1946年）

妹の綾子さんとは、長い間会う機会がないのが残念だが、お互いに体のひ弱な小学生だったのが、九〇歳近くまで生きていることを喜ぶときをもちたいものである。

綾子という名の人と生涯で三人付き合ったが、最初がこの綾子さん、次が津田時代に親しかった河内綾子さん、そして労働省時代の婦人労働課長だった大羽綾子さんである。

まったく違う付き合い方をしたわけだが、それぞれ素敵な方で忘れられない人々に入るように思う。綾子という名前のひびきが好く、それにふさわしく美しく、魅力のある方々だったのは幸せなめぐりあわせというべきであろう。

第二章

# 津田塾時代の三年間

津田塾専門学校の二年生（1948年）

# 井口美登利さん

ちょうど七〇年になる。私が一七歳、津田塾専門学校の一年生のときに会い、今春みまかられた井口美登利さんとの交友である。仕事がまったく違っていたから、その面でのお付き合いはなかったが、彼女の晩年には定期的にお食事を一緒にする習慣になっていた。

井口美登利さん

定期的にというのは、もう一人の親友安陪《あべ》陽子さんと三人で、お互いの誕生日祝いをすることにしていたので、年に三回は、必ず新宿京王デパート八階の資生堂パーラーで夕食会をしたからである。

## 空腹に悩まされた日々

一七歳の私は、両親から離れて東京へ出てきたばかり、津田の東寮で三食つきで英語辞書と首っぴきの毎日だった。憧れの寮生活だったはずだが、時代がひどく（一九四七年）、敗戦直後から食糧難がつづいており、とんでもないもの（さつまいもの茎だの葉っぱまで）を食べ、味など不問の空腹に悩まされていた。

中野に生家のあった美登利（当時は鈴木美登利）さんは、裕福なカメラ屋さんの一人娘だったから、そんな思いはせずにすんでいた。時折「後学のため」と称して、寮で食事を一緒にして、その貧しさに同情をし、ご両親に話して、私を夕食に招待し、そのあと実家に泊めてくださった（したがって朝食もご馳走になった）のであった。何をいただいたかはとうに忘却の彼方であるが、寮の食事とは断然違うものをタラフク食べたのはたしかである。

当時の状況で、通学生と寮生との食生活には大きな格差があったから、通学生は同情して、自宅へ呼んでご馳走してあげる、といってくれる人は何人もいたのだが、実現させるのは自分の力ではないから、「口先ばかり」で終わるのはけだし当然のことであった。そのなかで鈴木美登利さんは、ちゃんと実行してくれたありがたい友だちだったのである。「食べもののウラミは恐ろしい」という言葉のギャクで、あの時代の感謝の気持ちはいっぱしのグルメになってからも忘れることはなかった。

## 点字訳を一生の仕事として

それだから近時の食事会は、ご馳走したかったのだが、三人代わる代わるにご馳走になるとりきめだったので、その想いは果たせなかった。

彼女との交友が長くつづいたのは、彼女が仕事をもち、それが「世の中のためになる。

人を幸せにすることができる」もので、ほとんど収入を伴わないことを知って、心から尊敬できたことが大きいように思う。

目の不自由な方たちのために、点字訳をする仕事をずっとしておられたので、決して楽なものではないと思うのだが、喜んでずっとつづけて、死の床につかれるまで持っていかれたのではないかと推察している。

美しい心の持ち主だったのだ。良い友を失って、本当に淋しい。

## 河内綾子さん

前著『忘れられぬ人々』（ドメス出版、二〇一四年）のなかで、津田塾時代で取り上げているのは恩師だけで、友人にまで筆が伸びなかった。「続」には書いておかないと、まるで勉強ばかりしていたように誤解されそうだから（そんなワケないか）、ちゃんと書いておきましょう。

### 彼女の残した翻訳の仕事

その人・河内綾子さんは五年前（二〇一二年）に八三歳で亡くなった。ガンで二度も手術をしていたし、リウマチであちこち痛かったり、あまり良い晩年でなかったようで気の

河内綾子さん（22歳のころ）

毒に思われる。もちろん生活に困るような状態ではないようだったから、その点の心配はしなかった。立派な子息（早稲田大学教授）もおられたし……。二度の手術のときにお見舞いをしたときも、大病院の個室で（大部屋などでなく）ちゃんとしたものだったから安心した。

もともと、彼女の出自は、私などより裕福なアッパー・ミドルなのだし、夫君は有名な評論家だった。彼女自身は二カ所の大学の講師をし、数点の翻訳書も出している。二人の子息のうち長男の方は、小学生のときの事故の後遺症のせいで、仕事には就けない体になり、これが彼女の人生にとって最大の痛手であったが、五〇代でなくなり、その息子を自分が見送ることができてよかったと、打ち明けておられた。

彼女の残した翻訳本を、私はほとんど全部贈られて持っていたはずだが、今本棚には最後の二つ『終着駅・トルストイの死の謎』（ジェイ・パリーニ）と『夕映えの道』（ドリス・レッシング）しか見当たらない。Ｅ・ボーエンの『ローマ歴史散歩』というのは、ローマのことを思い出しながら読んだ記憶があるのだが……。彼女の文章はよくこなれていて、悪くないと思った。『夕映えの道』は、岩波ホールで同名の映画が上映され、それに間に合わすため、大急ぎで訳したのだとこぼしていたのを聞いた記憶がある。

夫君の篠田一士《はじめ》氏が急死されたのは、たしか一九八九年だったから、彼女の翻訳が出版されたのは氏の死後何年かたってからである。それを思うと私の心はやっぱりおだやかではなくなる。夫のほうは次から次へと立派な評論を発表し、名声サクサクたるものがあったのに、妻のほうはまったくの house wife だったのである。それも、格別才能に恵まれていない平穏な女性だったのなら、憤慨するにも当たらないであろうが、彼女の場合はそうとはいえない。

東大文学部卒業という学歴だけを思っているのではない。あの切れ味のよい明晰な頭脳、その感受性の鋭さは並みのものではなかったと知っているからである。それに磨きをかけて、きちんと経験を積み重ねていけたら、もっと輝かしい人生を送れたはずなのにと思わずにいられない。それは彼女だけの問題ではない。同じような現象はこの社会にはあちこちに見られるから、とてもとても残念なのである。

東大法学部に在学していたとき、何人もの優秀な友人に恵まれていたが、ボーイフレンドの場合は、これは一級だと思った友だちは、ほぼ例外なく社会的に大活躍をすることができた。例えば、三四郎池のほとりなどで毎日のように硬軟とりまぜ大議論をくり広げていた仲間のなかで、一人は最高裁判事から長官になり、もう一人は、大新聞の論説主幹になった。大企業の役員になった人は何人もいる。

女子学生も一人は母校・女子大の学長になり、他の一人は有名な弁護士になっているから嘆くにはあたらないかもしれないのだが、亡友綾子さんは、私がとくに気にかけていた人だから、釈然としないものが残っている。

## スピーチ・コンテスト

それは、私の人生の出発の時代だった。悩ましいティーンエイジは空腹とEnglish Dictionaryの狭間で過ぎていこうとしていた。津田塾専門学生の一年生はあまり楽しいものではなかった。憧れていた寮生活の現実がパッとしないことがわかって、何とか二年生になった。学内でスピーチ・コンテストがある。もちろん英語のである。我と思わん者は名乗り出よ、津田塾生なれば資格がある。

二年生前期で英語はまだまだだが、私には話したいテーマがあった。前年（一九四六年）四月一〇日、日本の女性が初めて参政権を行使した。歴史的な日である。「婦人参政権」という言葉を私は小学生のときから知っていた。幼いときからひとかどのフェミニスト（そういう言葉は知らなかったが）であった私は、女性が大切な権利を与えられていないという現実を七歳上の姉から聞いて、腹を立てていたのである。

その権利が一九四五年の敗戦＝アメリカ軍の占領下で、「マッカーサーの贈りもの」みたいに日本女性に与えられたのであった。そして一九四七年五月三日、新しい「日本国憲法」が生まれたのだ。まだ実際には選挙権はなくとも（当時一七歳）、二〇歳になれば選挙に行けるということ、憲法には「両性の平等」がはっきり書かれたということ、これはとても大きな喜びであり、何とかそれを表明したいものだと思った。

思いたったら、やるっきゃない！　私は手を上げ、クラスメートは「大丈夫？」と思っただろうが（現にまず指名されたアメリカ生まれの優等生さえ辞退したのだ）、とにかくやるといっている赤松が、二年生としてスピーチ・コンテストに出ることになった。そして「By the Revision of the Constitution, we, Japanese women ……」といちおう形はついたのだった。この原稿は、「時事英語」の教授だった藤田たき先生に見ていただき、先生はこの厚かましい生徒の願いにはあきれられたかもしれないが、親切に修文もしてくださった（先生が九四歳で亡くなられるまで、お世話のかけ通しだったが、それは実にこのときが始まりである)。

何人が登壇したか忘れてしまったが、だんぜん光っていたのが三年英文科の河内さんだった。内容は戦後民主主義下の女性解放のあり方というものだったから、私のテーマと共通点が多かったが、より具体的で、第一、英語の発音が格段に素晴らしかった。それもそのはず、彼女は父が横浜正金銀行(現在の東京銀行)勤めで、ロンドンだのホンコンだのと英語圏の町に赴任し、それに伴って native English を耳にしつつ成長した人だったのだ。文句なしで優勝は河内さんと決まり、コンテストが終了した。

## ルーム・メートとして

私はこの上級生にライヴァル意識などまったくもたず、素敵な人だと感心していた。二年生の前半が一〇月に終わり、寮の部屋替えがある。ルーム・メートを選び、くじ引きで部屋を決める年に二回の大行事である。

津田の寄宿舎は、戦前はシングルとダブルの二種類の部屋があり、上級生はシングル・ルームに入れることになっていた。それが戦後の英語ブームで学生の数が急増し、それを収容するため、シングル・ルームに二人、ダブル・ルームに四人詰めこむ状態になっていた。シングルに二人住むとは「此《こ》は如何《いか》に」といってみても、世の中が住宅難のひどい時代だったから、近所に部屋を借りるというような方法もありはしないし、学費もやっとという経済事情なので、文句はいえなかった。

二年生の後期はまだシングルに入る資格がないのだが、三年生のルーム・メートということで、私は河内さんと一緒に、東寮一階のシングル・ルームに暮らすことになり、ホイホイご機嫌で半年を過ごした。

彼女は次の年初めの東大の英文学部をめざして受験勉強を始めていた。科目は英仏二カ国語だが、英語については心配がないので、もっぱらフランス語が対象になっていた。試験問題集をデスクに開き、ノルマを決めて片づけていくのだが、さっぱりおもしろくないせいか、夕食のあとのせいか、コックリコックリ船をこぎ、それを見ている私は気が気でない。寮の消灯時間はきっかり一〇時だから、いねむりしていたのでは、ノルマは達成できない。肩をたたいたり、名前を呼んだり、自分の勉強よりも、彼女の受験勉強に熱を入れていた。

もっとも、自分の勉強は英語のリーディングで、わからない単語がでてくれば、彼女が教えてくれる、という利点があったから、目ざまし時計の役ぐらいは一生懸命やってあげたのだった。

暗くなったあとでもおしゃべりは自由だから、あることないこと、打ちあけ話に花を咲かせた。

東寮の窓から（右 河内さん 1948年）

## キラリと光るセンスの良さ

彼女は二歳年長なだけだったが、ずっと経験豊かで、感受性の強い人だったから、海外での生活のことや片思いに終わった初恋の話など次々と話してくれ、私は興味津々《きょうみしんしん》で聞き入っていた。たしかに彼女は私のもっていないものをもっていた。きちんとしたアッパー・ミドルクラスの家に育った日常の暮らしのなかの立ち居振る舞い、身についた教養、キラリと光るセンスの良さなど。ロジカルな議論でなら、私も負けていなかったが、そして負けん気の強さでは上だっただろうが、毎日の生活のなかで彼女から得たものは、とても大きく、あとから考えても、津田塾三年の生活のなかのハイライトといえるものであった。その代わり、彼女の卒業後の喪失感は焼け跡に独りで立っているという感であったが……。

この勉強の甲斐あってというべきか、楽しいおしゃべり時間の長さにもかかわらずというべきか、河内さんは入学試験をパス、晴れて東大生になった。さあ次は私の番である。ちゃんと勉強して東大へ入ろうと心に誓った。ただその前に解決しなければならないことがあった。どこに住むか？　学費はどうする？　つまり根本問題である。津田には地方からの学生のための寮があるが、東大にそんなものはなかった（当時は）。これには困って、大阪の家から通える大学にするしかないかと思った時期もあったが、卒業前の秋に上京してきた父のおかげで、本郷肴《さかな》町に世話になるところができた（『忘れられぬ人々』の父の項参照）。

学費問題は、国立大は高くないこと、下宿は安くしてもらえたから、足りない分はアルバイトをして頑張るといって、親の援助に頼った。あとは自分で計画をたてて受験勉強をするだけになる。悩みごとが解決すれば、勉強はスイスイうまくいく、というのは誰にでもいえるのではないか。とにかく参考書を積み上げ、片っ端から読んでいった。英語の辞書との首っ引きよりマシだと悟っていたように思う。河内さんは東大生らしく颯爽《さっそう》として陣中見舞いに来てくれた。

## 野口智子さん、井村喜代子さん

### 東寮・「深川」での共同炊飯

三年生、寮の食事は多少はよくなっていたが、まだ質量ともに不十分だった。そこでおもしろいグループができ、買い出してきたお米や野菜、実家から送ってきた塩鮭丸一匹など、メンバーがそれぞれ提供して、共同で炊事し、持ちよって一緒に食べるという習慣ができた。当時有名だった深川の共同炊飯をもじって、東寮の「深川」と自称していた。

メンバーだった野口智子さんはスポーツ万能選手で元気がよく、北海道出身、生家から送ってもらった大きな魚を、勢いよくさばき、六人全員に二切れ、三切れと配ってくれた。卒業後、ユネスコ日本事務所へ入り、国際的な仕事をバンバンとこなしながら、学生時代から付き合っていた村井了氏と結婚し、一女を立派に育てられた。夫君は一橋大出身、電源開発公社のエリート社員で、今なお（米寿を過ぎて）ご健在である。彼女のほうはあんなに元気な人だったのに、ガンに侵され、早逝された。

本当に残念だったが、残された少女は、母に似て元気がよく、国際的な仕事をいろいろとこなし、現在は世界銀行で管理職に就いている。私は母を失ったこの少女の相談相手になり、今では向こうのほうがよほどしっかりしているが、ニューヨークの国連代表部（私の国連代表部公使時代）へ現れ、国連事務局へ入りたいという彼女に、国際機関で働くには、マスター・ディグリーは最低必要だということを説明し、大学院に進むようにアドヴァイスしたことを記憶している。

東寮・「深川」の住人でもう一人ユニークだったのは井村喜代子さんという金沢（石川県）出身の人だった。頭がいいうえに大変な努力家で、寸暇を惜しんで勉強をしていた。学者になることをめざし、津田（専門学校）卒業のあと、K大経済学部に進み、研究生活をつづけ（金沢の財閥の娘で生活の心配はなく）、教職はもうリタイアしたが、立派な業績をあげられたと聞いている。

大金持ちの娘だなどとは他人《ひと》に知らせず、東寮・「深川」の質素な暮らしをみんなと同じにつづけていたから、私など毎日のように会っているのに、それと知ったのはだいぶあとのことだった。同業の方と結婚し、大学で教えておられたころ、新居を訪問したことがあるが、立派な書斎があり、一戸建てのスッキリしたお宅だったので、結婚後も住居に不自由していた私は、親の経済力の差に気づいたものである。

とにかく、東寮・「深川」の共同炊飯のおかげで栄養失調にもならず、受験勉強に励んだ甲斐あって、一九五〇年三月、私も晴れて難関を突破することができた。

# 第三章

# 東京大学での三年間

卒業の日（1953年）

## 変わり種・来栖三郎先生

大学時代の恩師で、お会いしてから半世紀近くもお付き合いがつづいた方がある。民法の講義は一年生から聞くわけだから、私は二〇歳《はたち》、来栖《くるす》先生はもう正教授になって二年過ぎておられたのだから三〇代の終わり、八六歳で亡くなられるまで、たしかに四八年ぐらいは経っているのである。

そのころ（一九五〇年の春）東大の民法は、一部、二部、三部とあり、我妻栄、川島武宜《たけよし》、来栖三郎の三教授がそれぞれ担当しておられた。私の学年は川島教授ということになっていたのだが、法学部というのは一学年八〇〇人もいて、大教室に入りきれないほどのところで講義を聞くので、出席しようが欠席しようが、誰からも何もいわれない状態であった。

## 大きな風呂敷に

そして、それとは別に、○○ゼミというゼミナールがあり、希望を出して認められればゼミに出られることになっていた。一年生ではゼミには入れず、講義だけ聞くのが普通であったようだが、私は先輩の男子のアドヴァイスで、一年でも入れてもらえるという来栖ゼミに申し込んだ。民法といっても家族法の分野で、家庭における女性の地位というようなテーマなので、女子学生向きのゼミで、学内の女子だけでなく、女子大からの希望者も受け入れる特別なゼミであった。

その指導教授は変わった方だという評判だったが、たしかに講義での姿も一風変わっていた。大きな風呂敷に資料らしきものをいっぱい包んで、二、三〇分遅れて教壇に上られ、そのまま風呂敷を開かず、向こうをむいて鼻をかまれる。何度かくり返してから、こちらを向き、まず、何故遅れたのか、くどくどと説明される。どうせたいした理由ではないのだが、結構時間がかかる。やっと本当の講義に入るころはこちらが疲れているという具合なのであった。服装はきちんとネクタイをして正装なのだが、全体としてオールドファッションで、見映えはパッとしなかった。

講義の内容は充実したもので、何よりもパッションがあふれているのが感じられたが、まともに評価する能力がこちらになかった。この方がまだ独身で、学問一筋の変わり種だという噂は、広まっていた。大変な勉強家だというのは納得しやすかったが、趣味の点はまあまあという感があった。

## 趣味は将棋

研究室の玄関の入り口のところで「小使さん」と年中将棋を打っておられるのである。将棋が悪いというわけではないが（幼少のころ、私は将棋をよくした）、東大の教授というたいそうなインテリなのだから、もう少し高尚な趣味があってもよいように思えた。「小使さん」と仲が良いのも、それをかくさないのも庶民的で悪くないのだが、少し気どり屋の女子学生からは、大先生らしくないように感じられたのであった。

初めてお目にかかったのは、講義のときだったはずと私は思っていたが、ずっとあとになってから、先生は入学試験の試験監督をしたときに、受験生のなかにいた私に注目していたと明言された。「可愛い子がいるなあ、あの子が合格するといいのになあ」と思ったとパーティーの席で冗談っぽくいわれたので、私はへえーと驚いたのだった。

来栖ゼミの助手は、唄《ばい》孝一氏という優秀な研究生だったが、この方も独身だった。まだ若いのだから独身でも不思議ではないはずだが、彼は学問的にばかりでなく、生き方まで来栖教授に追随しており、それで結婚はしないのであると、いい加減な噂が流れていた。

この方は大阪のほうの出身なので、関西なまりが強く、小柄でニコニコと親しみやすい男性なので、来栖教授のような変わり種ではないように思え、ゼミだけでなくお茶をのんだり、お話をしたりも少しできるかとアプローチしたが、大学近くの下宿の部屋に何人かで押しかけてびっくりした。一〇畳ぐらいの部屋に足の踏み場もないように本が散らかっていて、座ることもできなかったのである。その状態は尋常なものではないので、お付き合いするのにも腰が引けてしまった。

# 土佐出身の猪野順子さん

東京での最初の三年が終わり、小平の里から本郷肴町へ、都電で三つ目の東大へ通うことになった。歩いても一五分とかからない場所に、小さいながらも一部屋を占領し、三食つき、洗濯まで頼んでよいという結構な学生生活になり、本を買う金はなかったが、図書館は目の前にあった。

ボーイフレンド第一号というか、二年先輩のKさんが、自分の使った民法だの刑法だのの本をどんと下宿まで持ってきてくれた。ものめずらしい女子学生にまわりの東大生が親切なのは当たり前、と私はうぬぼれていたが、年中注目されて過ごすのは居心地のよいものではなかった。

三年間「女の園」で暮らしたあとなので、男子学生との距離のとり方がわからず、毎日の話し相手は、高知女子専門学校（現 高知女子大学）出身の猪野順子さんに決まっていた。はるか四国の土佐から東大へ入った女性は前代未聞ということで、合格発表のあとは大変なさわぎで、地元の新聞だねになったということの人は、土佐弁まるだし。土佐出身の母をもつ私にはそれも懐かしく、毎日出会っている男子学生は共通だから、話題にはこと欠かず、片っ端からほめたり、けなしたり、彼女のせまい下宿に入りびたりでしゃべっていた。

東大からすぐそばという地の利（?）があったとはいえ、もう少し気のきいた時間の使い方があっただろうに、と惜しまれないでもないが、もし、男子学生とあれだけ毎日しゃべっていたら、悪い噂になっていただろうから、一種の防波堤の役を果たしてもらっていたともいえる。

## 「高野老」のこと

### 「ケイコウトウ」とあだ名され

ひとり、男子学生で話し相手として安全だった人がたしかにいた。二学年上の高野氏だ。法律学科三年生なのだが、その前に政治学科三年も修了していたので、年は五つほど上だった。体も大きく、額が少し広くなりかかっていたので、みんなから「高野老」と呼ばれていた。

頭は決して悪くないが、回転がゆっくりなので、親御さんから「ケイコウトウ」とあだ名され、それをわざわざ後輩たちに披露していた。教授方への評価もしっかりしており、女子学生への指導力もなかなかのもので、婦人問題研究所（ＦＦ研といった）をオーガナイズしていて、私を誘って、来栖《くるす》三郎先生のゼミに入れてくれたのも彼だった。

彼の話は、テンポはおそいが深みがあり、生意気ざかりの私がつっかかっていっても、巧みにいなし、議論好きで、酒はめっぽう強く、いつまでも相手をしてくれた。人生いかに生きるべきか、職業選択をあやまたないように、友人はとても大切だから、良い選択をせよ、とテーマは豊かであきることがなかった。

## 選んだ裁判官への道

彼自身が望んだ職業は司法官、とりわけ裁判官で、それは彼の堅実な性格や正義感の強さにぴったりだと思われた。法学部の学生の多くが一度は志望するのだが、その試験準備の過酷さに辟易《へきえき》して give up する人が多かった。

その点高野氏はねばり強く挑戦して、立派にパスし、二年の研修期間を終えて、最初の

赤門前を行く（中央 赤松 1951 年）

任地、北海道は札幌（?）の地方裁判所へと赴任したのだった。

先輩の壮途を祝って、上野駅のプラットホームまで、私はフィアンセと一緒に見送りに行ったことを記憶している。

遠くに行ってしまわれて、しばらく淋しくなったが（そのあとの任地はなんと沖縄）、任地がしだいに近くになり、長野になったときは、彼の新婚時代でもあり、その自慢の夫人への関心も手伝って、五、六時間はかかった長野まで会いに行ったものである。

彼の実家は浅草だったから、夏の花火を見に訪問したこともあり、先輩、後輩の付き合いを越えて懐かしく、「ケイコウトウ」の名の通り、長く明るく私の人生を照らしてくれた。

こんな男性と、大学へ入った初期のころにめぐりあえたのは、大変ラッキーなことであったと、七〇年近くたった今、思い起こしている。

# ボーイフレンド・Nさん

大学一年のときの友人たちが卒業したあと、仲良くなったボーイフレンドがNさんだった。ハンサムというわけではなかったが、背が高く、ニコニコ機嫌よく（少なくとも私には）、一年上で本もよく読んで、おしゃべりなので、あきずによく会っていた。毎日のように肴町の下宿まで大学から歩いて送ってくれていた。彼は外交官志望で、成績は良く、課外で英語に励んでいた。それでも在学中の受験には受からず、一般公務員試験で入れた大蔵省（当時）に勤務したが、卒業後もう一度チャレンジして外交官になり、鼻高々になった。

彼が失意のときには、その気の弱さ、人間としての優しさに好意をもち、良い話し相手になっていたが、得意満面という男性にはやりきれないという思いになり、外交官研修でベルギーへ去ったのをチャンスに、会うこともなくなってしまった。

次に会ったのは、彼の結婚式だったと記憶している。私はもうだいぶ前に結婚しており、そのことで彼にはつらい思いをさせたと思っていたから、外交官らしく良家の姫を迎えられたことを二心なく喜び、かつ安心したのだった。しかし、海外の生活の多い彼と会うこともなく、次に彼のニュースを聞いたのは、悲しいことにその訃報であった。任地での独立さわぎに関係して、疲労困憊《こんぱい》し、神経をやられ、あげくにピストル自殺をしたという知らせであった。

たしかに気の弱いところがあったが、それにしても三〇代の働きざかり、これからというときに、と何とも気の毒でやりきれなかった。

だが、同時に、この人を配偶者にしなかったということには、ホッとする思いもないではなかった。

# 大学最後の年

大学三年生ともなれば、卒業後のことを考えなければならなくなる。当時の多くの女性と違い、私には「専業主婦」という選択肢はまったくなかった。長くつづけられる職業に就き、そのうえで結婚を考えよう。職業を選ぶにあたっては、1．自立して生活できる収入が得られること。2．職業を通して自己実現が可能であること。3．社会に貢献できること、が必要と考えていた。だが、そんなことをいっても当時の社会にあっては、大学卒の女性が働ける場は非常にかぎられていて、一般の大企業などでは皆無といってよかった。「男女雇用機会均等法」ができる三〇年以上前のことなのだから……。

唯一といっていい例外があったから、それに挑戦することにした。あとで、新聞記者という道が開かれていたのを知ったが、これは法学部からは例が多くなく視野に入ってこなかった。同期の女子学生が毎日新聞に入ったと聞いたが、この人も文学部出だった（増田れい子さん）。

そこで通称「六級職試験」（その後「国家公務員上級職試験」となる）を受け、幸い合格した。引きつづき、労働省の採用試験を受け、採用されることになった。この時期、行政官になろうと志す女性はまれだったから、法律職に赤松、経済職に高橋久子（旧姓 原口）と二人の女性が採用になったことは、世の中で話題になったようだ。

中央官庁で女性を幹部採用するというのは、戦後民主主義のひとつのモデルではあっても、実際にやったのは労働省だけで、それは労働省自体が戦後生まれた省であり、そこに「婦人少年局」があったから実現したのだ、ということができるだろう。

「六級職試験」については、もっとよく勉強をしておけばよかったのに、何となく、受かってさえいれば、それでよいらしい、などと安易に考えていたのは間違いで、だいぶあとになって、ロクな成績でなかったと知って後悔したが、文字通り、「後悔先に立たず」の状況であった。

今でいえば就活時代ということになるのだろうが、私の大学三年生（旧制では最後の年）の秋は、キャンパスの公孫樹《いちょう》の黄葉の美しかったことに象徴されるほど、輝いたときであった。

卒業はほぼ間違いなくできる見込みだし、そのあとの仕事も希望通りだし（それ以外には存在しないことなど、教えてもらえていなかったのだが）、三年間につちかった友情に囲まれてもいたし、そのなかの一人とは、近い将来より深い間柄になるという予感をもったからであった。

卒業のころ、母校津田塾を訪問

長い人生の間には、楽しいときも苦しいときもさまざまであったが、この秋ほど、生活は豊かではなかったが、心豊かに嬉しく過ごせたときは、あまり思い出せないほどである。両親は健在だった（父は冬の喘息《ぜんそく》で苦しんでいたが）し、一緒にいたときは仲が良くなかった姉は、親切になって洋服など送ってくれていたし、下宿は卒業までの期限つきではあっても安定していたし……。

第四章

# 労働省に入る

ホワイトハウス前庭にて（ワシントン 1965年）

## 婦人少年局婦人課へ

小学校から数えれば一七年になる学生生活を終え、最後の東京大学を卒業して、私は二三歳で職業人になった。一九五三（昭和二八）年のことである。前年の秋に、国家公務員六級職試験というのに合格し、労働省での採用試験にも受かっていたので、大学卒業と同時に、三年間住んで通学していた本郷肴町の下宿を出て、住居も新しくなった。

これからは、親からの援助はまったく受けず、独立してやっていくと決めた通り、安い給料で払える部屋を見つけるのに苦労したが、何とか見つかり（東大学生食堂の入り口にある互助板にはり出してあった）、板橋の素人下宿の八畳間に東大生の女性と相部屋（それなら安い）で、ということになった。

ここから都電（当時の）に乗って神田橋まで、約一時間足らずの通勤で、労働省婦人少年局婦人課へ毎日九時に行くのは、大学時代とは打って変わった毎日である。職場は女性が多く、仕事は調査係。残業はなく、のんびりしたものだった。

でも、とても忙しくしていた人はたしかにいた。課長の田中寿美子氏である。今では、本省の女性課長といっても驚くような存在ではないだろうが、六〇年前には、日本にたった二人しかいなかった。両方とも労働省婦人少年局——婦人労働課長と婦人課長である。その上に局長＝婦人少年局長があり、これは日本でたった一人、戦後ＧＨＱのあとおしで出現したポストだった。この三つ以外には、各省見渡しても、当時、女性の就ける課長以上の職はなかったと記録にある。

自治省に一九五四（昭和二九）年加藤富子さんという元気のいい女性が採用され、数年後北陸地方の県の課長に就任して話題になったが、そのあとはつづかなかったし、厚生省に五八年に長尾立子さんが採用され、局長にまで登りつめられたが、女性の採用は数年に一人という状態が長くつづいた。

そうしてみると、戦後国家公務員採用試験が公募になっても、それに応募し合格できるような大学卒の女性は、今でも名前が思い出せる程度の数しかなかったのである。試験に合格し、採用になっても、本省課長になるまで十数年の年月がかかるのだから、終戦後しばらくは、労働省婦人少年局が特別に任命する女性課長が、希少価値で有名になるのは驚く話ではなかった。

そこで田中寿美子課長。当時四三歳。

## 田中寿美子課長と深尾須磨子

二三歳の春、大学を卒業して国家公務員になり、最初の上司が田中寿美子課長だった。この方とはちょうど二〇歳違い、津田の先輩ということもあり、八五歳で亡くなられるまで、いろいろな形で指導していただいたり、甘えさせていただいたり、お慰めもしたり、長く深い交流があったが、その始まりが、労働省婦人課という木造建てのボロ庁舎の二階の部屋であった。

明治生まれの女性で津田卒というのは、良い家の出のはずだし、兄上は帝大出の新聞記者、夫君は国会議員というのだから、エリート中のエリートと思われた。しかし、戦前の社会主義運動に入り、「駆け落ち」同然の恋愛結婚だったという話で、子ども三人抱えて英語の教師として共稼ぎをし、うんと苦労をしてこられたのだと、あることないこと噂話が盛んだったのも人気者だったせいであろう。

敗戦直後の日本では、英語ができることは立派な技能であったから、それを活かして、仕事を見つけてこられたようであるが、国家公務員の管理職を採用する試験というのがあったときに受験、合格し、採用された職が、できたばかりの婦人少年局婦人労働課だったという。

まずは課長補佐になり、働く婦人の実態調査の仕事をしたが、同局のもう一つの課＝婦人課の課長ポストが空いた（課長が国会議員の選挙に出て当選）ので、後任に昇格したのであった。若いときにはとても苦労したが、四〇代になってパァーと運が開けたというところで、私が初めてお会いしたときは、美貌と才気が輝くばかりであった。

この方をロール・モデルとして働くということは、ラッキーなことであるはずだが、残念ながら長くつづかず、翌年にはアメリカのハーバード大学に研修とかで渡米、そのままブリンマー・カレッジで特別研究生になって、労働省を辞めてしまわれた。しばらくお会いする機会がなかったが、私が三〇代になって、子育てをしながら働いていた時代に、彼女はフリーの評論家として、健筆をふるう存在になり、昔の部下を自宅へ呼んで交流を復活してくださった。

そのきっかけは、彼女のファンの一人が料理自慢で、立派なキッチンを活用して人をご馳走するのが楽しみという奇特な方で、彼女を招待したとき、話し相手にいい後輩を一緒にと、私とさらに後輩の樋口恵子さん（そのころはまだ二〇代の新人）を誘ってくださったのであった。

私たちは何の気兼ねもなく、言いたい放題しゃべりまくり、たらふくご馳走になって楽しく過ごし、田中さんには感謝していた。そのころ、田中さんは高輪に住んでおられたので、今、私のオフィス（高輪四丁目）へ行くとき、どのあたりだったかしらと懐かしく思い出すことがある。しばしば引っ越しをする方だったので、いつごろどこに住んでおられたのか、うまく思い出せないのだが、いろいろなお住いに遊びに行って、「ひじき」の煮物など、おみやげにいただいて帰ったりしていた。

課長と新入職員とでは距離がありすぎて、たまにしかお話しする機会がなく、ずっとあとに、国会議員になられてからはやはり近づきがたくなっていたことを考えると、寿美子さまと一番心おきなくお付き合いができたのは、この時代、彼女がフリーの評論家だったころだといえるであろう。ずっと後輩なのに生意気で、勝手なことを大声で論じる赤松を面白がって、相手をしてくださったこと、今思うと申しわけないやら、ありがたいやらであるが、一つプラスアルファとして良かったのは、とても素敵な方に会わせてくださったことである。

その方の名は深尾須磨子さま（はじめ深尾先生といったら、「先生と呼ばれるのはキライ、スマコさんでいい」といわれ、それは恐れ多いから、スマコさまにした）。お二人は同系列の団体の集会などでよく会われ、仲の良い同志のようであったが、スマコさまのほうが四歳年上だった。中央線の大久保の駅の近くに小ぶりな洒落た住居を建て、故郷の丹波篠山《ささやま》からとりよせたおいしい地ドリの鍋ものなどを作って、田中さんと私を招いてくださった。私は孫のようなものなのに、怖いもの知らず、一人前に理屈を並べて、深尾・田中両大先輩と楽しい夕べを過ごさせていただいた。

音楽の話をしていたら、スマコさまは若いころフリュートを吹き、なんとパリで世界のモイーズ（当時フリュートの第一人者）に習ったのだという話。とにかくすごい人だとびっくりし、そのころフリュートを習っていた息子（小学生）が見たいというので、大久保のお宅までモイーズもさわったというフリュートを見せに連れて行ったことを思い出す。大の男を怖がらせたスマコさまが、小学生の男の子にはとても優しかった。

深尾・田中両氏と私に共通点があっただろうか？　京阪神地方の出身で、話し言葉に関西なまりがあった。ふだんはちゃんと標準語なのだが、三人だけになると、ふっと関西弁でしゃべっているのである。すると親しみを感じて日ごろは避けているような話題でもホイホイ出てくるようになり、長い時間話し合ったあとも疲れを感じないというメリットがあった。それに何より自分をフェミニストだと思っていた。

男嫌いというのではなく、恋愛経験もそれぞれにあり、人を愛することの喜びや悲しみを味わったうえで、女性の権利を主張することが大切と信じていた。戦後民主主義による女性解放を評価しつつ、まだまだ今の社会では女性は損であり、もっと頑張って地位を向上させなければならないと感じていた。

基本的な点で気持ちが一致し、しかし年齢の開きから、生きた時代に差があった。したがって交流の相手が違っていた。スマコさまと与謝野晶子氏、田中寿美子さんと山川菊栄氏という具合に。孫かひ孫みたいな私にとって、そういう方の名がヒョイと出てくる世界をのぞき見ることができたのは、何という幸せだったことだろう。

このお二人には、ちゃんと自伝もあり、評伝も出ているから、思い出すのに不自由はない。熱海の別荘へ行って、間近に海を眺めるとき、すっと思い浮かぶサッフォーの詩がある。

港の空に星照りて
晴れし一日も夕ざれば
レスボスの花おとめ
なににうき身をやつすらん……

これは、スマコさまにいただいた本『むらさきの旅情』のなかに出てくる日《ひ》夏《なつ》耿《こう》之《の》介《すけ》の訳詩で、とても調子がよいので、長い間忘れず、海を見るたびに思い出し、そうすればスマコさまのことを思い出す。

本当に忘れられぬ懐かしい方である。

# 五三会

一九五三（昭和二八）年に労働省へ入省した国家公務員上級職（六級職採用といった）の新人グループは、五三会《ごさんかい》と称していた。五三年に入った者の会という意味である。以来六〇年を越えて交友がつづいている。もちろん逝去された方が過半数にのぼる。男性の平均寿命（八〇・五歳）をとうに過ぎているのだから仕方がない。女性のそれは八七歳という。今私が越えたところだが、二歳上だった高橋久子さんは二〇一五（平成二七）年に亡くなられ、女性も半分になってしまった。

私の年次は、学校制度の変わったときで、私は旧制の最後のクラスで専門学校、大学と進んだ。卒業は新制の最初の人たちと同じで、だから労働省の入省も旧制大学卒と新制大学卒とが半々にいた。旧制のほうが一年長く学校にいたのだゾ！　と内心では思っていたが、昇格、昇給はまったく同じだった。旧制のほうを半年優遇している省もあると聞いて、わが省はひどいと思ったりした。ほんの少しの額でも違うと感じるほど初任給は低かったのである。

まだ戦後と呼ばれていた時代だったから、服装もきわめてシンプルで、最初の冬など虫の食ったセーター一着で過ごしたという記憶がある。「キャリア・ウーマンの服装」というようなアメリカの本が出て、責任のある仕事をしたければ、ちゃんとしたスーツを着るべしと書いてあるのを読み、「そうしよう」と思ってスーツを買ったのは、三〇歳になり、給料もやっとそれが可能になったからであった。

## あだ名は「社長」・森英良氏

私はそうなのに、入省したときから立派な背広を着、しぶいネクタイをした同期生がいた。唯一の大正生まれ（といっても一五年だが）。旧制高校（たしか静岡高校）時代に結核にかかり、休学をしたとかで、東大の入学・卒業も三年遅れたということであった。したがって同期生よりも三歳年上だったから、二〇代も後半、くわしくは知らなかったが、裕福な家の出らしく、態度も悠然としていた。そこで友人たちが奉ったあだ名は「社長」(本名は森英良氏)。

年の違いというものはいつまでたっても変わらないから、彼が一番年長なのは退官するまで、いや退官してからもついてまわった。ばかに貫禄があったのである。そして結婚した相手の方(私と同年)がプロの婦人服制作というのだったから、彼のスーツは際立っていたように記憶している。私が山梨労働基準局長時代、地方局長会議に本省賃金部長だった彼が出席して、スピーチをしたのを聞いたが、実に堂々として見事だったので、同期生として誇らしく思うと同時に、何か差をつけられたような気分になったものである。

他方、彼はよい家庭人でもあったようで、令嬢が小学校へ入学する時期に、上智大学附属の学校を希望し、書類提出の期日を知りたいと、当時上智大学で教えていた私の夫に依頼された。入学できたあと、そのお子さんを連れてわが家へ来られ、私の息子と一緒に親子でジャンケン遊びか何かをしたときのほほ笑ましい情景が今も頭に残っている。年も上だったし、病歴もあったのだから、同期生のなかで早くに逝かれたのは仕方がないが、「社長」の不在は今も淋しく感じている。

## 五指を数える酒飲み・谷口隆志氏

森氏とは逆に、同期で一番くらい若い好青年がいた。私と仲良くなったのは、宴会で差しつ差されつの飲み相手だったからだと思う。彼（谷口隆志氏）は身長もあったが、横幅もがっしりあり、飲んでも泰然として崩れたことがなかった。五三会の仲間で酒飲みといえるのは五指を数える程度だったが、彼はなかでも一、二を争う存在で、幸か不幸か、私もそのなかに入っていた。

彼は広島県の出身で、一高出だというので、あの旧制一高かと思っていたら、地方の都市の新制高校の話だと知って、「なーんだ」とがっかりした記憶がある。それでも優秀だったことには間違いなく、同期のなかでも昇進は早く、最終は次官にまで昇りつめた。人柄がとてもおおらかで、人望があり、退官後は外郭団体にいわゆる天下りしていたが、友人、後輩の面倒をよくみる人だと好感をもたれていた。

私が局長を終えて、外務省に出向になり、ウルグアイ大使になったとき、労働次官としていろいろ気を配ってくれていたと感謝している。赴任先に訪問してくれたときは、はるか南米の果てまできてくれる人はなかなかいないので、再会はとても嬉しかった。体格もよく身体健康と思っていたのに、同期のなかでも早く逝ってしまわれ淋しいかぎりである。

## 俊秀・関英夫氏

もう一人の俊秀、関英夫氏が昨秋（二〇一六年一一月）に亡くなった。谷口氏の前の次官である。旧制最後と新制最初とが同時に入省した五三会なので、まず旧制の関氏が次官になり、次いで新制の谷口氏が後継者となったのであった。同期から次官が二人出ることはあまりないことだが、こういう特別の時期だったから実現したので、五三会会員は何かトクをしたような気がしていた。

その関氏。おだやかな人柄で才気走ったところはなく、判断はバランスがとれていた。同じ職場にいたことはないので、仕事っぷりは具体的には知らなかったが、上司から信頼されていたに違いないのは、その処遇によって計ることができた。

入省して一〇年になる前、一九六二（昭和三七）年秋、福岡県労働部職業安定課長に栄進したのである。何人かの同期生が間もなくあとにつづくわけだが、トップで、しかも遠いとはいえ、大県の大課長に出るのは大したものだと、目を見張らせた人事だった。

# 埼玉労働基準局時代

埼玉へ通うのが大変だったのは、遠いということもあるが、電車の乗り換えが多いことだった。当時住んでいたのは小田急線の代々木八幡駅の近く。まず新宿で山手線に乗り換え、池袋で赤羽線に乗り換え、赤羽で京浜東北線に乗り換えて、浦和まで行くわけで、四つの線はそれぞれ通勤時間帯だから乗りこむのにひと苦労である。四本の電車に乗りつぐのだから、どれか一本か二本が遅れるということはめずらしくない。最短でも一時間近くはかかるのが、その日によって九〇分ぐらいになってしまうと覚悟しなければならない。

ただでさえ、朝起きがつらく遅刻しがちなのに、こういう通勤事情では、つくづく毎日が情けなかった。そのうえ仕事は、おもしろくもおかしくもない調査票との「にらめっこ」なのだから、長い職業生活で一番つらかったのは、この時期だったといって間違いないであろう。

五〇歳でニューヨークへ赴任して、しばらくの間は生活に慣れず首がまわらなくなった（文字通り）ときも大変ではあったが。

## 調査課への配属

何故、こんなめにあったのか、というと、それは自分が招いたのだというほかはない。何故なら、入省以来五年間、同じ婦人少年局婦人課に配置されたままという状態に不安と不満を感じ、他の局、できれば労働基準局へ配転をしてほしいと省人事担当課長や直属上司に申し出てあったのである。本省のなかでというつもりであったが、女性の有資格者を採ろうという奇特なところがなく、地方の経験もよいではないかという人があったのか、埼玉労働基準局調査課へと配属になったのであった。

庁舎は、現在ではちゃんとしたものになっているが、私が通っていた時代（昭和三〇年前半）は、まだ木造二階建て、トイレも水洗になっていなかった。月に何回か、近くの農家から、肥料にするため「くみ取り」が牛車を引いてやってくる仕組みなのだった。この日は鼻をつまんで過ごさなければならず、お世辞にもモダンなオフィスとはいえなかった。

ただ救いは、直属の課長になった方が、一橋大出のインテリで、役人になったのは「世をしのぶ仮りのすがた」と思っておられるらしく、仕事にはさっぱり興味がなく、大酒飲みで、昼間は二日酔いでブラブラ過ごすので、部下にもまったく厳しくなかったのである。お年も若くなく、出世するつもりはないから、気楽なもので、宿舎も近くだった様子で、お弁当は近くの店から届けさせ、しばらく休憩すると腰をあげ、「赤松さん、調査に行こう」と、私に調査票を持たせ、お目当ての事業所に電話をかけ、悠々と出かけるのである。

課長がお茶を飲んでいる間に、私はすいすいと調査票を書きこみ、「できました」というと、あとはおまかせ、浦和よりは大宮（当時）に飲むところは多かったかと記憶する。

相手がガラの悪いオジサンだったら閉口だから、私も逃げる算段をしただろうが、その方は品が良く、男っぷりも悪くなかったから、お付き合いができた。

しかし、この課長は一年後には退職され、次に来られた方は、ずっと若く、仕事熱心だったから、私の仕事も楽ではなくなった。名目だけ係長になっていたが、部下がいるわけではなく、最低賃金法という法律ができたばかりで、調査課から賃金課へと名称が代わり、新しい法律の内容を説明して歩く仕事が増え、調査内容も変更があったが、地方勤務のつらさは変わらず、早く本省へ帰りたいと里心が強くなるばかりであった。

もともと埼玉局へ出向する際、地方勤務は一年程度という口約束が人事担当課長との間にはあったはずだと記憶していた。それをいいたてて、東京への転任、できれば未経験の職業安定局へと希望を出していたのだが、これはおいそれとは実現せず、ずるずると浦和通いがつづいた。

## 隣室・婦人少年室での楽しみ

この間の楽しみは、組織は別だがオフィスは隣室にある埼玉婦人少年室へ息抜きに行くことであった。その当時の室長は女高師出の才媛で、明るく気持ちのいい方だった。そのころの婦人少年室は、たった二人の職員ながら独立の組織であったが、私がもともと婦人少年局の出身だから、いわば里帰りのようなもので、うるさがらず（本当はうるさかったかもしれないが）話し相手をしてくださった。

室長は築山《つきやま》さんという名だったので、「ツキさま、雨が……」というと、「春雨じゃ、ぬれて行こう」（月形半平太のセリフ）とすっと返ってくるような会話で楽しかったし、室長補佐の篠原さんという人は、きれいな愛想の良い人で、訪問者の顔をみるとすぐにお茶を出してもてなすといういい雰囲気なので、ファンの新聞記者をはじめ、訪問客の多いオフィスであった。

常連の一人に、隣室の課長補佐の年輩の女性がいた。ムヤさんといったのだが、難しい字で正確に書けないで過ぎてしまって申しわけなく思っている。若くして夫（医師だったと聞いた）と死別し、良家の主婦から自立して労働基準監督官の資格をとって働いていた。おだやかな優しい人柄で、私よりかなり年上なのだが、私の知ったかぶりのおしゃべりをおもしろがって聞いてくれた。役人としてまったく野心がない（出世する気がない）人なので、こっちも気楽に付き合うことができた。

そのほか、近郊から、家の庭でとれた果物だの畑でとれた野菜だのを持って突然現れる客も多く、息ぬきにはもってこいの場所ではあった。

ただこんなところでゴロゴロしていたのでは、将来が思いやられることは、真面目に考えればわかるので、本省復帰への希望はあきらめずに出しつづけたのであった。

# 労働市場調査課に

## 気づいた男女差別

その時期、私は何をしていたか? 同じ職業安定局にはいたが、仕事は段違い、市場調査課の片すみで、係長とは名ばかり、係員は一人もいない、調査票を書きうつすという閑職にいた。友人が地方に出向するときには東京駅(もしくは上野駅)にくり出して、プラットホームで「バンザイ」を唱えるという風習があったので、勤務時間中でも周囲は黙認してくれるのをよいことに、大手町の庁舎から東京駅まで徒歩一〇分、大きな声をあげてセイセイした。

しかし、帰途「ウーン」と考えた。同期生の間でずいぶん差がついている! と。同じ大学を出、同じ試験に受かり、同じ期間勤務してきたのに、と。これって男女差別なのではないか、と。給料は国家公務員、定期昇給で上がるから、残業の多少程度の違い（それもバカにはならないが）だったかもしれない。それが、地方の課長となれば、別の体系になり、そのうえいろいろ手当もつくから、かなり差がでる。何より、仕事の内容、責任の重さがまるで違うだろう。県の課長は立派な管理職なのだから……。

## 優しかった職場環境

しかし、私には反省する余裕もあった。その時期、私は幼児を抱えていた。毎日のように長い残業のある職場はとても不適である。辞めないでつづけてということが大切と考えるなら、九時～五時をあまりガリガリせずに勤めるという生活が望ましいのだから、そうさせてもらえるのをよしとして、昇進・昇格の遅れはがまんしよう。将来頑張れるときに頑張ってとりもどせばよいではないか。

それに職場環境は優しかった。いろいろ問題を抱えた人の吹きだまりのようなところだといっては、当時の同僚に対して申しわけないが、どうもそんなところであった感じがする。

私の両隣に座っていた方、かなりの年輩。一人は還暦も過ぎておられた様子（当時は定年法もまだなく、年をとってから入職した人で六〇歳になっても辞めない例はあった）。

幼児を抱えて

私とは三〇歳も違うのだから、こちらも大切にしていたし、彼もとても親切。私はお礼にと、クリスマスに暖かいマフラーをプレゼントしたら、「坊やちゃんに」といって泉屋のクッキーの大きな箱を返していただいた。新聞記者だったということで、話題も豊かで、人あたりよく、人生を達観しておられた。

今思い出しても懐かしいのに、お葬式に行きそびれてしまったことが悔やまれる（大谷さんごめんなさい）。

## 悠々とした上司のもとで

もう一人の方。戦前の高等文官試験合格者ということなのだが、一度退職して再就職のため、当時の局長と同期だという話なのに、課長にもならず、でも悠々としておられた。というのも大地主の家の当主だとかで、働かなくとも生活には困らないのだと噂されていた。一度ご自宅に呼ばれたことがあったが、たしかに広壮な邸宅であったと記憶している。

この方、とうの昔に出世はあきらめていて、残業はまったくせず、自分のペースをはっきり守り、他人には何も干渉しない方針のようであった。直接の上司がこういう人だから、私ものんびりノルマは果たすという方針にしていた（実はサボっていた）。

そこは大きな課で、離れたコーナーに同窓の若い男性が数人働いていた。直前に所属していた地方（埼玉）局では、農繁期は休暇をとって自宅で田植えや刈り入れを手伝うという同僚に囲まれて、何とも波長が合わずおもしろくなかった。

東京へ帰って、同僚が同じ大学出なのにホッとして、五時以降一緒に一杯やりに神田あたりへ寄るという楽しみができた。彼らはまだ二〇代、給料は安いから、立派なところへは行けないが、独身で生活費は倹約して飲み代にしていたのか、たしか割り勘できちんと支払ったので長つづきができた。

私のほうは、家計費に一定額を出したあと、自由にできるものが少し増えてきており、埼玉へ通うよりずっと楽しく過ごせるようになったことを思い出す。

# 群馬労働基準局時代

## 部下との付き合い

地方労働基準局勤務は、三度した。最初が埼玉（浦和）、二度目はこの群馬（前橋）、三度目は山梨（甲府）である。

埼玉労働基準局では部下のいない係長であったが、群馬労働基準局では労災補償課長。大きな課で、部下は非常勤も入れると三〇人もいた。部下との付き合い方は初めての経験なので、気をつけて、女性の上司は困るといわれないように努めた。

最初驚いたのは、赴任の日に、前橋駅で降り、迎えにきているはずの人を探したが、なかなか見つからず、駅前でキョロキョロしていたら、年配の大きな男性が二人、向こうも困った様子で近づいてきて、「赤松課長さん?」と聞く。「はい」と答え、三人でホッとため息をついた。こちらは、あまり大きな、年もだいぶ上らしい男性二人が迎えにきているのにびっくり、相手はこちらがあまり小さくて若く見えるので、これが課長かとびっくり、というシーンだった。

このうち一人は労災補償課の課長補佐、もう一人は総務係長、二人とも一メートル八〇センチはあろうという大男(色はマックロ)、年は五〇代、こちらは一メートル五〇センチもない色白の三〇代の女性なのだから、これがまさか課長だとは、と疑い深く眺めたのも無理ではなかった。

翌日からは、課の正面の大きな机にでんと(実はチョコンと)座り、次々にくる書類に目を通して決裁するという日々になった。中身はあまりわからないのだから、ほとんど、よく調べもせず判を押す、ということになるのだが、そうはみられないように、一、二カ所質問したり(これは大変)、誤字をみつけて(鬼の首をとったように)指摘をしたりするのである。

仕事だけでは駄目だと思い、五時以降いわゆる飲み会をする。大きな課だから班ごとに三回に分け、会費はとらず、別途用意をした。係長を傍らに置き、係員一人ひとりを紹介してもらって、よろしくと顔を見合わせた。それから差しつ差されつという日本古来の宴会になる。幸い私は酒は強かった。父は酒の飲めない体質だったが、母は土佐女で酒はかなりいけた。あとで知ったが、母の母、つまり私の祖母はにぎやかな大酒飲みで、ドンチャンさわぎが好きだったとか（すると私は隔世遺伝か）。

だが、いくら強いとはいっても、相手は大勢の男、盃を持って注ぎにくるのだから、全部飲んでいては危ない。そこで一計を案じて、空になっているお椀を台の下に置き、盃はあけたふりをして、中身をその中に流しこむのである。酒はもったいないのだが、酔いつぶされるよりはましだと悟っていた。

さらに、若い職員を誘って、二次会、三次会にも付き合った。こんなことができたのは、体調もさることながら、代々木八幡の自宅を離れ、前橋に単身赴任をしていたからであった。労災補償課長にはちゃんとした宿舎があり（他の課長のもあったが）、家族で住めるほどの場所に独りで暮らし、ウィーク・エンドには洗濯物を抱えて東京へ帰っていた。ＪＲで二時間足らずだから、東京で何かあるときには一晩泊りで帰ることもあったが、原則ウィークデイは任地で暮らすことにした。子どもはティーンエージャーになっており、住み込みのお手伝いを頼んでいたので心配はなかった。

## 労務管理について学ぶ

ここで私は、労務管理というものを学んだということになっている。自分がそういったのではないが、わけ知りの先輩（男性）が本省からみていて、そう評したのである。その人は、自分が地方課長の経験で、労務管理のやり方を学んだと思っていたのであろう。

事実、彼は二年間の四国の任地から帰ってきたとき、風采もずっと上がり、人間がひとまわり大きくなった感じがしたものだった。労働組合の闘士として管理者とわたりあっていた男が、逆の立場に立ったとき、どう振る舞えばよいかを、よく切れる頭で考えたのであろう。何かにつけて教えられるところのある先輩（前著でも触れた大坪健一郎氏）であった。

「労務管理」と名のつく書物は、いまや書店へ行けばあふれんばかりだが（五〇年前でも楽に入手できたのかもしれないが）、私はその種のものはとくに読まなかった。書物からではなく、経験から学んだように思う（そういうとおこがましい気もするが）。

## 山梨労働基準局長として

労働基準局の三度目の経験は、山梨労働基準局長であった。これが発令されたのは一九七五（昭和五〇）年、つまり「国際婦人年（International Women's Year）」といわれた年、女性解放の風が海を越えて国連から吹きよせた年であった。国連の歴史のなかで、女性の意気がもっとも高らかにあがったのは、この年とそれにつづく一〇年（一九七六〜八五年　Decade for Women）であったのではないか。

その目標は平等、発展、平和の三つ。日本では、発展途上国ではなく、すでに軍備を放棄した国だから、もっぱら問題は平等である。平等は明らかに遅れている。

## 初めて女性を局長に起用

内外からそういう声を受けて、政府は取り組みをはじめ、九月に婦人問題企画推進本部を設けるのだが、それに先だち、労働省はそれまでずっとゼロだった都道府県の労働基準局長に女性を起用することにし、その局内に適当な人材がみつからないので、婦人少年局の課長だった私・赤松に白羽の矢が立ったのである。

山梨労基局長として盛岡訪問
（1975 年ごろ）

全国で初めての人事ということで、国際婦人年関連の大ニュースとなった。このころ私は婦人労働課長としてすこぶる多忙で、発令直前にはジュネーヴのＩＬＯ世界会議の婦人労働問題部会に出席しており、帰国後ただちに山梨県甲府市へ労働基準局長として赴任という状況になったのだった。

この人事は労働省としては快挙だと新聞などでは書かれていたが、私の仲の良かった記者の一人（男性）は、人事の慣行からいって、山梨というのはきわめて小さな局で、本省の課長から出るようなところではないのに、女だからといって喜んでいいのか、可哀想だ、と同情してくれた。しかし、本省とはいえ、労働基準局ではないのだし、東京から近くて通勤は無理でも、毎週末には帰れて便利なのだから、人事担当者はいろいろ考えてくれたと受けとめるべきだと思うことにした。

甲府という町、四方を山に囲まれた盆地で、冬寒く、夏は暑いといわれたが、その通りだ。新宿から中央線で西へ西へと向かう。八王子を過ぎると、山また山になり、電化前のトンネルは気をつけて窓を閉めないと、そこらじゅう真っ黒になってしまう。江戸時代には幕府直轄の地だったが、「甲府勤番」という言葉は、行きたくない任地の代名詞だったといわれていた。山国で海から遠いので、新鮮な魚は食べられず、人の行き来も少ないので文化水準も高くはなかったのだろう。

今ではずっと便利になり、魚介類も築地から直送（冷凍技術も発達）、ワインどころという利点も加わり、おいしいものはいくらでも口にできる町になっているが、私のいたころ（一九七五〜七八年）は、かなりの田舎といえるところであった。

## 五課の課長たち

当時、地方労働基準局には大きな都府は別として、庶務課、監督課、安全衛生課、賃金課、労災補償課の五課があった。山梨局もその通りで、五課長は全部男性だった。大きな局には次長が置かれていたが、山梨にはそれはなく、五課長がイーヴンに局長を支える構成だった。

任期は規定はないが、おおむね二年程度で人事異動が、本省から発令されていた。したがって、私が三年近く局長をしていた間に一〇人の課長と仕事をしたわけで、それぞれに

男性課長に囲まれて

個性があって、印象に残っている。私より年上の方もあったが、官僚としての関係がしっかりできあがっていたから、問題はなかった。

　しかし、五人の間が協力的にうまくいっているかといえば、そうとばかりはいえず、調整役の庶務課長の人柄によっては、ギクシャクすることもあった。

　なかには生まれて初めて、こんな陰険な人があるのかと思ったような人もいた。私はもう四〇代も半ばを過ぎていたのだから、たいていの人には驚かないですむはずだったのだが、その許容範囲を超えた人がいたのである。容姿はむしろ整ったほうであったと記憶するが、表情が陰気だった。ちゃんとした大学を出て公務員試験に受かったという経歴ではなかったのか、コムプレックスがあったようで、びっくりするようなところで jealous になるのであった。

私（局長）が別組織の女性と一緒に食事をしたりすると、非常識な怒り方をするので、びっくりしたことがあった。それまで長く役所勤めをしていて、そんな目に遭ったことがなかったのは、私の環境が良かったせいなのか、私の態度が相手を傷つけていたのか、よくわからず、ただ不愉快であったことだけは覚えている。

次に、仕事熱心のせいか、功名争いなのか、局長の関心をひこうと、課長同士の間で熱い競争が起こることに驚いたこともあった。大きな組織であっても、そこで働いているのは一人ひとりの人間なのだということを、よく認識していなければ、組織はスムーズに動いてゆかないということである。

もう一つ気がついたのは、技官で資格のある人は余裕があったと思うことである。コースがはっきりしていて、将来がちゃんと見通せるのであろう。自分のすべきことは、きちんとして、あくせくしていない感じに好感がもてた。

一緒に働いた人々と、別れたあとは、そのあとの人生でもう会っていない方もいるが、どこかでまた出会って懐かしかった方も何人かはある。例えば転任して何年かたったあと、地方出張をして、そこで局長になっている元課長の方があった。とても仕事熱心な人だったから、昇進しているのは喜ばしいことだし、みるからに立派になっておられると感心もしたのだった。自分の任地のなかの名所を案内してもてなし、再会を喜んでくださった（働きすぎたのか、早く亡くなられたのは淋しいかぎりである）。

また、とても遠い地方（鹿児島）の出身で、退官したあと故郷へ帰って、そこで悠々と働いておられた方と、その県へ出かけた機会に会うことができた。彼も課長として、よく務めてくれた人だったので、懐かしく、夜の食事など一緒にできて、とても嬉しかった思い出もある（彼はまだ元気だと聞いているので喜ばしいことである）。

## 審議会委員との付き合い

「甲府勤番」をしたおかげで、部下の男性たちを仕事を通じて知ることができたが、もう一つ、審議会の先生たちとの交流というものもあった。そのなかの一人で、忘れられない方のことを書いておきたい。

私が局長をしていた山梨労働基準局には審議会が二つあった。政策全般に関する審議会と、賃金審議会である。後者は県単位で最低賃金を定める制度をとったことから、県ごとに独立した審議会をつくり、そこで当該県の最低賃金を定めることになっていた。その委員の先生方とは、公的な席では、誰とも一定の距離をおいて、礼儀正しく言葉を交わすのであるが、別席で一杯ということもあり、そのあと二次会になると酒の強いほうが残り、そうでないほうは早く帰宅ということになった。

私は強いほうなので、お付き合いは努めてしていた。土地の方とは話題があまり合わせにくいこともあり、東京出身の大学教授で話題の豊富な方とはご一緒するのが楽しみであった。山梨大学教授のI先生である。ヨーロッパへの出張の経験などを通じてスペイン語も話せるようになり、地中海の船旅の話など、とても楽しく聞かせてくださった。大学の研究室にティオ・ペペ（Tio Pepe スペインの食前酒）なんかをしのばせてあり、それをスタートに、甲府の酒場のはしご酒をしたのは忘れられない思い出である。

その後、東京へ帰任してから、明大の先生と神田でハシゴをしたこともあるが、甲府のほうが小さい店がギッシリ詰まって並んでいたので、ハシゴの軒数はハカがいったと記憶している。

このお二人の先生は、飲みすぎがたたったのか、だいぶ以前にあの世へ逝ってしまわれたのは、本当に残念である。甲府の「大江戸」でI先生とまた飲みたい（もう四〇年もたっているのに）。

## 次官から市長・桑原敬一氏

労働省時代の忘れられぬ先輩のなかに桑原敬一氏がいる。その経歴が多彩なのに加え、人柄も魅力的であった。労働省採用が一九四八（昭和二三）年。この年の採用は、前年までの高等文官試験がなくなり、四九年から始まる人事院六級職試験もまだないので、各省がバラバラに自省の採用試験を行って幹部候補者を確保したのであった。このたった一回の試験で採用されたのが、桑原氏だった。生まれは一九二二（大正一一）年というから、私より七歳年上、採用は五年先輩ということになる。

入省後、婦人少年局年少労働課を皮切りに、主要各局すべて経験してからの官房長なので順当のように見えるが、一度福岡県の副知事に出向し、二年県で次期知事をめざして働いたあとに官房長にもどられたのは異例だったと聞く。

彼の出向に際し、送別会がいくつもあり、そのときは労働省とは縁が切れるのだとの認識を共有していたのだが、二年後に官房長になってもどってこられた。これは地盤提供の約束が果たされなかったために異例な人事になったのだとの噂を耳にしたが、ご本人が評判の良い方であり、送別会で飲んだときにも淋しい思いがしていたこともあり、お帰りを喜んだものであった。

この年代の男性には戦場へ行くという経験が避けられない運命だったが、桑原氏にも一九四三年一二月に学徒出陣ということが待っていた。しかし旧制福岡高校の生徒であったためか、第一線へは行かされず、北京に行き、北支派遣軍陸軍経理学校に入学、そこを卒業した。そのあと歩兵部隊に属し、中国大陸を転戦、四五年八月の終戦を迎えた。帰還までいろいろ苦労したあと、帰郷したのが四六年一月。やっと学生生活にもどり、高校卒、東大法学部へと進むことができた。

東大卒、労働省入省後は順風満帆《じゅんぷうまんぱん》といえるであろう。官房長、局長、次官を歴任し、無事退官された。（先述の脇道ゆきはあったが）、そのあと、ちょっとびっくりの福岡市の助役に就かれたが、これは市長への志があってのことで、直近の選挙で当選し、故郷へ錦を飾られた。エッ、次官から市長⁉　というなかれ、福岡市は当時六大政令都市といわれた別格の市で格が高いのであった。

その市長を三期一二年務め、立派な業績を残され、著書『一隅を照らす』にまとめ出版されている。

この方によくお会いしていたのは、私が二〇代、労働省婦人少年局の出身の労働組合役員をしていたころ、彼は管理職で、労組と向きあっても決して圧力的でなく、話し合いには気持ちよく応じてくれるエライさんであった。また官房長になってからあとも、女子職員の会合にお呼びしても、ニコニコと出席し、時にはご馳走もしてくれる上司であった。福岡市長になられてからも、時に上京されたチャンスに、私たちが歓迎会をすると、逆に会費が返ってくる状態だった。

退官後、縁遠くなるのが普通なのに、勤務先も遠方（九州）なのに、長く交流がつづいたのは、仕事の性格もあったかもしれないが、何より人好きのするお人柄のせいであったと思い、数ある先輩のなかで、忘れられぬお一人である。

同じ福岡出身の先輩で、局長から参議院議員になった先輩もあった。この方は出世街道まっしぐらであり、お家も裕福な造り酒屋だとかで、早くからいずれ政治家と明言している官僚だった。後輩の面倒見はよいのだが、好き嫌いが激しく、上役にへつらうタイプをひいきにする面が見受けられ、評判はよくなかった。しかしパワーがあるので、大きな仕事を抱えると、この方の力を借りることが必要になり、無理に笑顔をつくって、伺候《しこう》をする人が絶えないという状態がみられた。

国会議員となってすぐにでも大臣にと望んでおられたのであろうが、そううまくはいかず、参議院の場合は一期が六年と長いので、待つのももどかしかったか、大臣の声もきかず、あの世へ逝ってしまわれた。気の毒という声が、「いい気味」という声にかき消されそうな存在だったといえるであろう。ネガティヴな意味で「忘れられぬ人」である。

第五章

# 国連公使時代

国連公使への送別会（右から 高橋展子、赤松、森山眞弓、高橋久子、佐藤ギン子、鈴木栄子　1986年）

## 勇躍　ニューヨークへ

国連代表部の公使に任命されて、ニューヨークに赴任したとき、私はちょうど五〇歳だった。長い労働省勤務の間、海外で働きたいと強く希望したが、三〇代、四〇代には応えられなかったのだが、一九七五（昭和五〇）年の国際婦人年（International Women's Year）、それにつづく「婦人の十年」（Women's Decade）の追い風で、日本で二人目の女性公使になり（初は緒方貞子公使）、勇躍　任地ニューヨークに向かったのだった。

ところが、そこでの生活は、はじめつらく、苦しく、やるせなく、生涯のなかでも、最悪の日々だったと今でも憶《おぼ》えている。といっても職場が悪かったわけではない。自分自身の出来が悪かったためと、ニューヨークと東京の生活環境が違いすぎたためである。

何といっても英語がわからないので困るのである。当時の日本の英語教育のよくなかった点だろうが、ヒアリングがてんでだめなので、会議の流れがつかめないのだ。日本代表部はグループで仕事をしていたから、私ができなくても、支障はきたさなかったが、本人は毎日情けない思いで暮らしていた。その当時の国連代表部は今から思うと強力な構成だった。西堀主席代表、西田次席代表、藤田総括公使など、忘れられぬ人々である。

## 生粋の外交官・西堀大使

西堀大使は、生まれながらの外交官という感じの、実に颯爽《さっそう》とした方だったが、前任地はベルギーのブラッセルということだったから、対ＥＵの日本代表を務めたあとの国連代表部ということで余裕しゃくしゃく、しかし、これが最後の仕事だと（定年が迫っていたので）いくらか淋しい気持ちもおもちのようでもあった。外交官としては国連代表部というところは、大使公邸での生活よりは幾分地味らしいと察せられた。

エリート中のエリートで、スーパーハンサムで、何不足ない方とお見受けしていたが、あるときご子息のことで、ちょっとこぼされたことがあった。それも、結婚相手を自分で決めてから報告をしたということなので、そんなのは今どき当たり前でしょうと、さっぱり同情をしなかった記憶がある。

退官されたあと、私も東京へ帰任していたとき、オフィスのそばの日比谷公園のど真ん中でパッタリお会いしたことがあったが、西洋人風に派手にハグされて、私は恥ずかしいやら嬉しいやら、キャーという感じだった。何しろこちらは現職の婦人少年局長だったのだから……。

## 西田次席大使のこと

西田次席大使は、西堀大使のような華はなかったが、とても親切な方だった。私がニューヨークに赴任してすぐに、ご自宅（国連に隣接した公邸）に、やはり着任したばかりの国連女性部長久保田真苗さんと一緒に招待してくださった。

この方の夫人は、東京女子大学出の美女で、すてきな方だと有名だったから、大使自身、自慢なのだが、「奥方ばかりほめるなよ。僕だって悪くはないだろ」と、おどけていわれるなど、付き合いやすい方なので、長くお付き合いしたかったのに、比較的早くに亡くなられた。とても丈夫そうな方だったので、人間の寿命はわからないものだと残念である。

## 古典的な外交官気質・大川大使

もう一人、ジュネーヴ代表部の大使で、国連総会の三カ月前ニューヨークに来られる方があった。お部屋が私の（公使室の）隣に臨時に作られ、お食事などでご一緒することができた。大川大使といって、親子三代の外交官だということで、さすがにそれらしく洗練された方だった。

私がジュネーヴへ出張した際には、めずらしいレストランなどに招待してくださったのを覚えている。たしかあのあたりでとれるキノコだけを用いた料理で、他の町では食べたことのない代物《しろもの》だった。それ以外にもいろいろお世話になったので、東京へ帰ってから、私がイタリア料理にお招きしたら、喜んでくださったのはいいが、宴が終わって私が支払おうとするのに、どうしても払わせてくださらず、ご自分が払ってしまわれた。東京なのだから、女性が払うこともありうべしと主張したのだが、負けてしまった。古典的な外交官気質というものを感じさせられる一幕であった。

この方の夫人は、私と同じ津田塾の出身であったというご縁もあり、親切に外交官としてのアドヴァイスもしてくださった。背のスラリと高い、立派な容姿の忘れられぬ方である。

国連公使時代の忘れられぬ女性の筆頭ともいえる中村道子先生については、すでに前著

『忘れられぬ人々』（ドメス出版）に記した。

## 陽気なアメリカ女性・マーギハース

個人的に仲良くしていたアメリカ女性で愉快な人がいた。マーギハースである。私が婦人課長をしていた四〇代のはじめに、日本の女性について論文を書きたいので話をききたいと労働省のオフィスへ訪ねてきて以来、日本語もでき、話が面白いので、交流をつづけていた。アッパーミドルのかたい家の出身だが、本人はかなり奔放で、女性の恋人がいることを公言してはばからなかった。その相手に紹介されたが、とてもチャーミングな女性で、ニューヨークで二人は別のアパートに住んでいたが、週に何回か会っている様子であった。彼女たちは学歴も高いのだが（大学院終了）、母は相当コンサバらしく、親からは認めてもらえない関係のようであった。

彼女はお母さんのご機嫌をとろうと思ってオペラに招待したところ、出し物が「バラの騎士」で、幕あきに女性二人のキッス・シーンがあって（一人は美青年の役だが）、母君は怒ってしまい、逆効果だったとこぼしていたのもおかしかった。

その当時アメリカではゲイ・ムーヴメントとかで、若い男女は、同性愛をサラリと受けとめていたが、年上の年代はそうはいかず、価値観にギャップがあったのである。ヴァージニア・ウルフ（Virginia Woolf）の没後四〇年記念で、出版物がたくさん書店で見られたが、ヴィタ・サックヴィル＝ウェスト（V・Sackville-West）との関係については、やっと公認されたような感じだった。後者も著名な作家だったから、その伝記もヴァージニア・ウルフの小説や伝記と並んで売られていたのを記憶している。

彼女たちの母国（イギリス）でもそうであったかどうかは、訪英した時期がまったく違うので、知ることはできなかった。

## 川村清・庸子夫妻

津田塾の同級生といっても、東京にいればめずらしくないが、異国に住んでいると、よくめぐりあったという感じになり、交友が深くなるという現象がある。

川村庸子さんはその一人で、演劇批評の文章を書かれるだけあって、ニューヨークでたくさんの芝居を見ていて、その方面の話が豊かだった。そのうえ夫君の清さんが良き理解者で、三人で食事をしたり、彼女が日本へ行っている時期は、カーネギーホールへエスコートの役を頼んだりもし、良い思い出が残っている。たしかニューヨークでの住まいがミッドタウンで、歩いて行ける範囲にあったように記憶している。

当時のニューヨークの音楽の中心は、リンカーンセンター、ブロードウェー、グリニッチ・ヴィレッジと三カ所あり、リンカーンセンターにメット・オペラ座とオーケストラのホール、ブロードウェーに中小劇場、ヴィレッジにジャズのための小さな小屋が並ぶといった盛況であった。ある意味ニューヨーク全盛期ともいえるものがあったが、私が一番親しんだのはクラシックだったから、リンカーンセンター。オペラはもちろん、ニューヨークフィルの定期演奏会も毎月欠かさずという時期もあった。

川村さんは新しい演劇に関心が深く、ブロードウェー派だった。ヴィレッジは街路が入りくんでいて、劇場も小さいものがあちこち散らばっていて、「通」の人でないとなかなか入りにくいように思われた。出し物は、ヴィレッジの新聞をくわしく見ないとよくわからず、私にとっては、やっぱりリンカーンセンターが向いているようだった。

## オペラ大好き・テレサのこと

ある時期、ニューヨーク郊外に住む旧知の女性（テレサ・ＫＩＳＯ）がオペラの定期演奏会にやってくるので、この人に会うのも嬉しく、毎月通ったものだった。

この人と知り合ったのは、一九六四年の初夏、フィレンツェ（イタリア）の観光中であった。ガイド付きの観光バスに乗り合わせて、イタリア語のわからぬアメリカ人と日本人が助け合うことになり、次のローマへ行くのも一緒に行こうということで、仲良く旅をしたのが最初だった。そして彼女の日本へ行きたいという想いを聞き、「ぜひいらっしゃい、東京で待っています」と、私のアドレスと電話番号を書いて渡した。

なんとそれが次の年に実現して、彼女はやってきた。私はいろいろともてなしたが、都市ばかりでなく、日本の田舎＝農村も見せてあげたいと思い、勤務先の友人たちに相談をしてみた。うまい具合に、栃木県だったかの農家に知り合いがあるという人がいて、案内もしてくれることになり、テレサも大喜びで、三人連れで上野から汽車に乗り、二泊三日の旅に出た。一九六五年の初夏のことだった。

戦前は大地主で庄屋もしていたという旧家の屋敷に泊めてもらい、私も経験したことのない旅であったが、滞在先の方もアメリカ人がめずらしく、近所の人が見にきたり、大歓迎で大ご馳走をしてくださった。

とても印象に残ったイヴェントがあった。往きの汽車のなかで、車中にグループ旅行のにぎやかな一団がいて、当時流行の「月が出た出た月が出た」を唄えや踊れやになり、私たちもつられて唄っていたら、テレサはすっかりメロディーになれ、踊りも単純なものだから、マネができるようになり、輪の先頭になって踊り出し、車中みんなからヤンヤの拍手を受けたのである。

そんな楽しい旅を一緒にしたあと、別れるときには、次は赤松がアメリカへ行くから、またきっと会いましょうということになり、その約束を私は果たした。四〇代のはじめ、ワシントンでの会議に出張し、ニューヨークまで足をのばして、メトロポリタンでオペラを観、そのあと郊外のテレサの家に泊めてもらったのだった。大きな邸宅ではないが、二階建ての気持ちのよい住まいで、朝食の仕度をしながら、彼女がジルダ（リゴレットの娘）のアリアを唄っているのを聞くのも楽しく、忘れられない滞在だった。

そのあと東京とニューヨークと離れていたが、文通はかかさず（クリスマスカード、プラスアルファ程度ではあったが）、私が国連代表部へ出向したときは大喜びで、毎月劇場で会うようになった。

彼女とは年がずいぶん離れていたが、音楽の話が楽しく、学校の先生を長くしていた人なので、英語の発音がクリアーで聞きとりやすく、会話に苦労しないので、付き合いが楽だった。人柄もおだやかで、優しく、親の代までドイツ住まいだったとかで、ヨーロッパの雰囲気が濃く、別れるときには「アウフ・ヴィーダーゼーエン（また会いましょう）」といいながら、本当にまた会いたいと思ったのだった。

三〇代から五〇代までつづいたアメリカ人の友人で、忘れられぬ人である。

## ウサコ・高林益江さん

津田塾の同級生でもう一人、ニューヨークで仲良くしていた友人があった。小柄で（私とあまり変わらず）可愛いので「ウサコ」と呼ばれていた（本名は高林益江さん）。夫君は住友商事（株）の従業員で、ニューヨーク支店長だったか、やはりミッドマンハッタンに住んでいたので、よく食事など一緒にした。

夫婦仲は悪くないように見えたが、彼が定年退職したあとは、退屈するせいか、気難しくなり、彼女のほうも客のおもてなしをする仕事がなくなって、生活にはりあいがなくなっていくようであった。典型的なサラリーマンの老後といってよいのであろうか。

日本へ帰ってからは、私は仕事が忙しく（婦人少年局長で現役）、友人も多いので、ウサコとは津田の同窓会で会うくらいになってしまって、長い間会わないで過ぎたあと、気がついたら、彼女はすっかりふけこんでいた。彼がDV夫になり、あの世へ逝ったあと、彼女はアルツハイマー気味で施設に入ったのでお見舞いに行ったのだが、こちらのことを認識できない様子だった。食事やコンサートに誘うことも無理とわかり、場所が不便ということもあり、足が遠のいてしまった。

津田を出ても、職業はもたず（短期間の勤務は経験したはずだが）、エリート・サラリーマンと結婚、海外生活も英語力を活用して内助の功は十分に果たした。日本へ無事に帰国したのに、その後はあまりよい老後とはいえなかったようなのは気の毒で、もっと何かしてあげられなかったのかと、胸が痛むのが、ニューヨークを思い出すときのつらさである。

第六章

# 歴代婦人少年局長

エセル・ウィード元中尉（GHQ）を迎えて
（婦人局長室にて 左から赤松、高橋展子局長）

二三歳で大学を卒業してすぐに労働省に入った。国家公務員試験の上級職試験（当時は六級職試験と呼ばれていた）に合格していたこと、ほかに選択肢《し》はほとんどなかったこと、労働省に婦人少年局という局があり、女性の地位の向上を目的とする行政を司るところであること、などを考えて、適切な進路であったと思える。

ただ、その時代（一九六〇年代）、女性の幹部採用などまったく経験のない官庁で、採用はしたものの、そのあとどう処遇をして、最終のコースへのせてゆけばよいのか、経験は皆無といってよく、確たる見通しをもっている人は探してもなかなか見つからないという状況であった。

そのうえ、婦人少年局は、戦後成立してから時間がたっていないこともあり、上級職採用の女性は、私の前にただ一人、三年先輩の森山真弓氏だけであった。この方の処遇など相当いいかげんで、入省したときの課へ一〇年据え置きという、男性の同僚では考えられないような人事管理であった。

そこで困るのは、ロールモデルにするべき人が見つけにくいということである。たった一人の先輩は、夫君が国会議員という強い立場にあるのに、私にはそういう後ろ盾はいないのだから、前例にしにくい面がある。仕方がないから、とにかく局のおエラ方はどういう方たちなのかを見ておくことではないかと考えた。

# 山川菊栄氏

私は七代目の婦人少年局長になったのだから、六人の方が私の前にある。初代の山川菊栄氏は、現役時代にお仕えしたことはないが、局長になる前から著名な研究者・社会主義者であり、評論家による伝記等もあり、立派な自伝が出版されているし、長年（死の直前まで）おそばで行動しておられた菅谷直子氏の『不屈の女性――山川菊栄の後半生』（海燕書房、一九八八年）という二三〇頁を超える単行本も手もとにある。

これにつけ加えることがあるとすれば、山川先生の晩年、すっかり自由になられてから、親交のあった田中寿美子氏（のちの参議院議員、社会党副委員長）と語らって、婦人問題懇話会を設立、広く若者にも入会を呼びかけられたとき、若者の一人として会に入り、毎月の研究会で、先生とお会いしたころの印象である。

とてもおだやかで口数も少なく、みなりは質素で、少しも偉ぶるところがなかった。この会自体、会員は「人間はすべて平等」と信じている人たちだということもあったが、それにしても年は四〇も上、本省の局長経験者、著名な研究者という方なのに、貧乏な若者たちと番茶を飲みながら、一緒になって議論を楽しんでおられる姿は、何とも嬉しく、ありがたいものであった。

怖い者知らずの若者（私を含め）は、大先生と対等な気分で議論をぶっていたが、今思えば、もっと大切にしなければいけなかったのに、申しわけないことをした。

# 藤田たき先生

二代目の藤田たき先生。津田塾専門学校（現 津田塾大学）での恩師であり、労働省入省時の局長である。課長の田中寿美子氏、課長補佐の木下雪江氏も津田卒なので、森山さん、私を含め津田閥などと悪口もいわれたが、在任当時は、おおらかで公平な方だから、エコヒイキなどさらさらなかった。ただ退任されてからは、他の方はご自宅へ伺うことはなくても、私は何人かの同窓生と一緒に東中野のお宅へお正月などご挨拶に伺っていた。

何よりお世話になったのは、私が婦人少年局長になったとき、婦人少年問題審議会の会長をしておられ、そこで審議をお願いした「男女雇用機会均等法」（案）が大もめにもめていたため、大変ご心労をわずらわせたのであった。その時代のことは『均等法をつくる』（勁草書房、二〇〇三年）に書いたし、先生の思い出は他にも書いているので、ここでは、二代目が藤田先生だったということをいうだけにとどめさせていただく。

# 谷野せつ氏

## 筆頭課長から栄進

三代目の婦人少年局長になられたのは谷野せつ氏である。長い官歴の持ち主で、婦人少年局設立（一九四七年九月）と同時に新設の婦人労働課長に就任した。労働省は厚生省の一部局から省になる前、すでに厚生省の課長ポストにあった唯一の女性であり、そのまま新設の課長ポストへ移る形であった。そのあと、部外から招かれて局長となった山川菊栄、藤田たき両局長を助けて、長く局の中心で働いた方であったから、局の審議官も制度そのものがない時代であり、筆頭課長から局長への栄進について疑問を感じた人とてなく、その後、後継者が育つまで、一〇年の長きにわたって局長の席におられた。

戦前、一級国家公務員のポストが女性に開かれていない時代、労働基準監督官の試験を通って、資格を取り、長く奏任官として希少な存在であった（戦前の高等官は、親任官、勅任官、奏任官の段階があり、最低の奏任官でさえ、女性はなっておらず、労働基準監督官は奏任待遇であったから、谷野氏は例外的存在といえる）。

## 「忍耐力」と「質実剛健」

課長時代から、省内の最高会議（局部長会議）に局長の代理でしばしば出席しておられた。山川・藤田両局長は、官僚意識の権化のようなこの会議への出席は苦手で、ときどき欠席されるので、谷野課長が代理出席されていた。

大きく変わったのは通勤形式で、局長になると官用車の送迎がつくので、それまで大手町のオフィスと東京駅の間を毎日せっせと歩いておられた姿がみられなくなった。

あの方の強みは何だったのだろうと考えると、まず言えるのは「忍耐力」だと思う。男尊女卑の思想がゆきわたっていた時代に、例外的に高等官待遇になっていても、男性同僚からヨソモノ扱いにされ、あるいは嫌がらせを受け、口惜しい思いはいっぱいあったに違いないが、じっと黙ってグチもこぼさず、長い間、欠勤したことはなく、ひたすら実務をこなしておられた。もちろん「勉強家」でもあったであろう。戦前から戦後にかけ、女子労働をとりまく法律や制度は大きく変わり、次々と新しいことが起こってくるのに対処して、シッポを出さず、きちんとした行政官たりえたのには、時代に応じた勉強をしていなければ、やりおおせるものではない。

そして性格が「質実剛健」であったことも大きいと思われる。といっても男性的という意味ではない。「華《はな》がない」といったほうが当たるかもしれない。地味で真面目で着実なのである。一〇年間じっと同じ局長室に座りつづけ、全局を支配し通された。

## 大羽綾子氏と富田展子氏

女性の課長二人は、いずれあやめかかきつばたとでもいうべき大羽綾子氏と富田展子《のぶこ》氏（のちの高橋局長）とであったが、局長の権威が揺らぐことは決してなかったのではないだろうか。

どちらが局長のあとを継ぐかはしばしば取り沙汰されたが、谷野局長はそのことについては決して胸中をあかされず、在位一〇年、じっと待たせて、課長二人も同じポストに居つづけるという、役所ではめったにない状態であった。せめて婦人労働課長と婦人課長をチェンジしてみたらという説も飛び交ったが、局長が耳をかさず、一〇年、同じ体制がつづいた。そして谷野局長が六〇歳の定年を迎えたとき、後継は富田展子氏と決め、大羽氏は外郭団体へ出向となった。このお二人はともに東京女子大学の出身で、大羽さんが五年先輩。幼児を抱えて夫に先立たれた経験あり。実母に子どもを託して職業に就き、一家を支え、戦争時代をのり切ったしっかり者という点も共通する才色兼備の女性だった。

婦人少年局は、婦人労働課、婦人課のほか、年少労働課と当初三課で出発、のちに庶務課が人事、会計を統括する課として加わったが、年少労働、庶務の二課長は男性で、他局から短期に赴任する体制であった。婦人労働、婦人課の二課は課長が女性（同じ課の課長補佐から昇進）ということに加えて、職員の数も女性が多数を占めており、ほかの役所には見られない雰囲気のあるオフィスといってよかった。そのことを私がはっきり認識したのは、婦人少年局を離れて他局へゆき、上司、同僚すべて男性というなかで暮らし、これが普通の役所なのだと感得したとき、そしてまた、五年後に再び婦人労働課に復帰したときであった。

男性が多い職場で女性が居心地が悪いことと、女性の多い職場で男性が居心地が悪いのと、どちらが better か worst か？　何とも答えがたいが、それを緩和するべく、多数派のほうの人が気を配ってあげてほしいものである。長い職業生活を積むなかで、自分がマイノリティーである場合というものを経験することが意味があるともいえるであろう。

## 局長在任一〇年のキャリア

谷野局長の長所は忍耐力、つまり守るに固く安全だが、チャレンジする心意気に乏しい点は否定できなかった。一〇年という空前絶後の局長在任中、これぞという事件は起こらず、一年一度の地方婦人少年室人事で、同じ場所に安穏に暮らしていた室長が、短い予告期間のあと、見知らぬ遠国へ転勤という悲喜劇が起こっても、その辞令を出す局長はどこへ動くでもなく、「役人なら転勤するのは当たり前でしょ！」と淡然としておられた。若いときにたくさん苦労したのだという自信と誇りが、そのたたずまいの底にあることを感じさせる人格であった。

この局長の直属のサポーターであった二人の女性課長との関係は、部下たちからみれば興味深いものがあった。私が入省した時期にはお二人とも局の課長補佐（大羽——婦人労働課、富田——婦人課）で、谷野婦人労働課長、田中（寿美子）婦人課長の右腕というべき存在であった。

まず田中課長が研修という名目でアメリカへ長期出張のあと、代行期間を経て富田展子氏が婦人課長に。藤田局長が母校の津田の学長になって去られたあとを谷野せつ氏が継がれ、婦人労働課長に大羽綾子氏が就かれた。そして谷野、大羽、富田（高橋姓で課長就任）氏の三人体制が一〇年つづくことになったのだが、これはあまりにも変化がなさすぎ、空気の沈滞は免れなかった。

## 高橋課長とホームヘルプ制度

それでも高橋課長は何かをしたいという気持ちの強い人であったから、企業内ホームヘルプ制度というまったく新しい制度を普及したいと考え、手始めに、婦人少年問題審議会の使用者側委員の一人だった大企業の社長に協力を求め、その企業内にホームヘルプ制度を設けることに成功した。

企業のなかに家事実務を能率よく着実にこなせる人材を育成して、一定の研修のあと、ホームヘルパーという資格を付与し、従業員の必要が生じた場合（例えばその家の主婦が病気になって家事ができなくなった場合）、有資格のホームヘルパーを派遣して家事を代行させて助けるというシステムである。ホームヘルパーの雇用主は企業であって、家事代行日の給料は企業が支払い、利用した従業員は企業に対して、その一部分を支払うことになる。

この制度のある企業であれば、従業員は病人を抱えても安心して働くことができ、費用も補助してもらえるわけで、従業員に対する福祉の制度として歓迎されるものであった。

制度を採用するかどうかを決めるのは使用者で、政府（労働省）は制度の内容を説明し、推奨するという役割であった。

このような制度は、すでにヨーロッパ（イギリス、スウェーデンなど）では実用されているということを、高橋展子課長は補佐時代に出張・研修して知っていた。この制度があれば、従業員の欠勤をふせぐことができ、ホームヘルパーという新しい女性の職業人を育成することができ、社会に貢献することになると高橋課長は考え、課の新しい業務として熱心に取り組んだ。

新しい制度を考案し、推進し、具体化するというのは大きなエネルギーのいる仕事である。その仕事を課長一人で担うことはもちろんできない。有能なサポーターが必要で、それを見つけられるかどうかで事業の成否が分かれる。

幸い高橋氏の課に、頭がよく、真面目で仕事熱心な係長がいた。奈良の女高師（現奈良女子大学）を出て、女学校の教師をしていたのをリクルートされ、労働省婦人少年室長になって、和歌山、福島、埼玉と転任したあと、本省婦人課にひっぱられて、ホームヘルプ制度の推進という新しい業務を担当することになった（その名は簗山千鶴子さん）。高橋課長のひらめくアイデアを次々と起案してペーパーにまとめ、納得がいくまで書き直しをし、新しい制度を組み立てていくのは並大抵の業務ではなく、毎日のように残業を夜までし、東上線沿線の不便な宿舎に帰るのは深夜、終電車というのもめずらしくないありさであった。

それに対し文句もいわず（グチをいうヒマもなく）、成果をあげていったのは、公務員のカガミというべきであったであろう。小柄でピシッとしまった体で、健康だったからこそつづいたのだと外から眺めて感心し、少々心配もしていた（私が埼玉労働基準局勤務時代に隣室の婦人少年室長であった）。

この方とは縁が深く、私が婦人課長になったとき、直属の課長補佐、婦人少年局長になってからは婦人課長としてサポートしてもらった。

忠犬ハチ公と「あだ名」を奉った夫君とともに忘れられぬ人々である（終電車で帰る妻を毎夜駅まで迎えに出ていたという意味でつけられた）。

## 大羽課長と若年定年制

一方、大羽綾子氏の婦人労働課長時代は、女性労働者の数は着実に増加し（九〇〇万人）、勤続年数も長期化していたが、職場での地位はそれほど向上せず、企業にとってはあまり長く働いてもらいたくないというギャップが生まれてきた時代であった。それがあらわになったのが女子の若年定年制、結婚退職制の設立というアイデアであった。

多くの企業では、女性は単純労働を真面目にこなす女子労働者は必要だが、高卒で（中卒ですぐ働く女子は減少し、多くは高校に行くようになってきた）すぐ入社して一〇年も働いてくれれば十分、新陳代謝が望ましい。あまり長くいるのは、給料が上がり、要求も増えるので迷惑な存在となるという認識であった。

そこで二五歳、三〇歳定年とか、結婚退職するという契約を入社時に取り交わし、女子はこれにサインするという形をつくった。結婚するので退社するという慣習はかなりゆきわたっていたから、女子社員が自発的に退社すれば問題にならないのだが、なかには結婚しても辞めたくない、あるいは辞められないという女性がいてもおかしくはなかった。

そういう女性の一人が、所轄（広島）の婦人少年室に来室して、会社の制度についての疑問を提起してきた。広島婦人少年室は対応をめぐり、大羽婦人労働課長の指示を求め、課長はこれを全国的に通用するように、婦人少年局長通達という正式な形で回答すべく、原案作成を赤松係長に命じた。このときのいきさつは『均等法をつくる』（一〇頁以下）にくわしいが、結局、婦人労働課案は谷野局長の納得を得られず、「二五歳の若年定年制は……公序良俗に反して無効となると考えられる」から「女子の若年定年制は……憲法の趣旨にも反し、好ましくない……」となり、大羽課長は無念の涙をのんだのだった。

この事件が示すように、谷野局長と大羽課長との間には方針の違いがときどきみられたのだが、その根底には、お二人の性格の相違があったようだ、と思えてくる。谷野氏が前述のような忍耐力のかたまりのような苦労人であったのに対し、大羽氏は大きな「お嬢さん」だったといったら、きっとご本人は、私だってすごく苦労してるよと抗議されるに違いない。

たしかに、一〇歳にもならぬときに父君が結核で亡くなられ、二〇代の終わりに、二人の幼児を抱えて（下の児はまだ胎児のとき）、夫君をも結核で失われている。九人きょうだいの七番目というのも、楽ではないでしょう。男女差別の激しかった戦時中に子どもを育てながら働きつづけたと聞けば、その苦労は並大抵なことではなかったと同情するにやぶさかではない。

しかし、やはり大羽さんは「お嬢さん」だったといいたい。まず、お父様。大蔵省（現 財務省）出身で興業銀行（現 長期信用銀行）の重役というアッパーミドルの家庭。生活に困る状態でなかったからこそ、父の死後も、東京女高師附属高等女学校、東京女子大学英語専攻学部と名門校を卒業でき、そのあとさらに、東京大学教育心理学研究室で、児童心理学を専攻することまでしているのである。

そういうバックグラウンドがあるので、戦時中勤労動員女子の工場労働の実態調査などの仕事をすることができ、さらに終戦後、ＧＨＱの民間情報教育局に採用されることになった。そして、これが設立直後の労働省婦人少年局への道につながり、婦人労働課長という時代の花形になれた。その性格もおおらかで、寛容、しかし正義感が強く、妥協が上手でなかった。

結果、行政官としては過激な判断をする人だ。少なくとも忍耐力の権化のような局長からはそう受けとられることが時としてあったのではないだろうか。そこで、谷野局長は、後継者として高橋展子氏を選び、大羽氏は静かに退官されたのであった。

## 高橋展子局長時代

### チャレンジ精神旺盛

こうして、第四代高橋展子局長時代となり、局長の性格が反映して、局の雰囲気はしだいに変わっていく。高橋氏は、課長時代に新しい「企業内ホームヘルプ制度」を考案・実施したことでも実証したように、谷野局長とは異なり、チャレンジの好きな女性だった。

彼女は、婦人少年局の基盤が脆弱《ぜいじゃく》であるのは専管する法律をもたないからであろうと考えた。一九四七（昭和二二）年に局が設立されてから二〇年近くたっていたが、この間行政改革の声のもと、何度となく局廃止の声に悩まされてきたことは事実で、そんな状態は局長として何とか克服したい、そのためには局がよってたつことのできる法律がほしいと、局長就任後まもなくの時期から、頭の中で考えてもいる人であった。

偶然のめぐり合わせか、局内に元気の良い男性課長がいた。年少労働課長の山口征司氏である。山口課長は何か大きな仕事をしたいという意欲に燃えている点で、高橋局長と意気投合する性格の持ち主であった。課長に就任して、所管の法律をつくろうと目標をたて、局長の賛成を得、猛烈にハッスルして法案作成に向けて走り出した。

はじめは課長の独走という形で、周囲から浮きあがって見えたが、その熱意がしだいに広まって支持者も増え、一九七〇年に「勤労青少年福祉法」という名の、婦人少年局最初の専管法を成立させるのに成功した。無鉄砲で猪突猛進《ちょとつもうしん》のキライはあったけれども、その明るい性格と批判を恐れない強さは異常なほどで、困難な事業を達成した功績者であることを認めるにやぶさかではない。

## 「勤労婦人福祉法」の作成に携わる

さて、「勤労青少年福祉法」を手中にした高橋局長は、次なる目標を「勤労婦人福祉法」（名はあとでついたのだが）の作成に定めた。ただ、この場合は青少年の場合と異なり、担当課長＝婦人労働課長は、法案作業にはまったく不向きな人であった。女高師出身の数学の先生をしていた人で、法案がどういう過程で作成されるかについて無知で、性格的にも小心で度胸がないこと、気の毒なくらいであった。

そこで法案準備室を婦人労働課から独立させてつくり、その室長には婦人課長の赤松が法律職だというので、就くこととなった。さらに年度が変わったとき、婦人労働課長は退職となり、赤松が婦人課長から転じ、法案担当課長として、正規に国会の委員会で「勤労婦人福祉法」関連の答弁をすることになった。

この法律は五章一七条の短いもので、内容的にもソフトで野党と対立する条項など一つもない点、提案さえできれば、すんなり成立する種類のものであった。

しかし、いかに小さくても法案を国会に提出し、これを成立させるには、きちんと一定の手続きを踏まなければならない点は、大法案と異なることはないのであった。このことは、担当課長をしていやというほどわかり、それを経験したことは、一〇年後に今度は局長として大法案を手がけることになったとき、大きく生きてくることになるのである。

「若いときの苦労は買ってでもせよ」というのはこういうことなのだろう。こうして、「Girls, Be ambitious !」と講演のときに呼びかけていた高橋展子局長自身の ambitions は、「勤労青少年福祉法」と「勤労婦人福祉法」の二つの成果として残ったといえよう。

## 高橋展子氏との深い縁

一九七〇年代の婦人少年局はこうして幕を開けたが、世界では大きな風が吹き出していた。国連が一九七五（昭和五〇）年を「国際婦人年」とすると発表し、それに向かってスタートを切ったのである。この年を婦人少年局長として迎えることができたら幸せだったであろうが、高橋氏の任期はその前年で終わってしまった。しかし、彼女には別のミッションが開けていた。ジュネーヴのＩＬＯの事務局長補（Assistant Secretary of the International Labour Organization）のポストである。ＩＬＯ本部には日本の労働省から、大野雄二郎という安全衛生局長だった大物が、Under Secretary として赴任した経験があったが、急逝されており、今度は女性がいくということで大ニュースとなったのだった。

終戦直後（労働省設置より以前）にＧＨＱで勤務したこともある高橋氏は、英語の心配はなく、フランス語は頑張って勉強すると意欲を燃やし、ジュネーヴでの生活を独りでするのはゴメンだと、幼い孫娘と、気のあったお手伝いさんと一緒に、勇躍任地へ発《た》たれた。

この快挙に婦人少年局は大喜びで、大々的に歓送の宴をはったのはもちろんである。

彼女を送りだすことといくたびか、私はまたしても「遠き別れに耐えかねて、この高殿《たかどの》に登るかな」（島崎藤村作「友を送るうた」）を高殿ならぬ一階の宴席で歌うハメになったのだった。

この方とは、深い縁であったらしく、世界のあちこちで再会する機会ができるのだが、ジュネーヴでは残念ながら会うことができなかった。一九七五年に私は山梨労働基準局長を命じられて甲府勤務となり、外国出張など希望もできない身の上となったからである。彼女のジュネーヴでの生活については、名著『ジュネーブ日記』（日本労働協会、一九七九年）によって知るほかなかったが、任期を終えて帰国された時期、私も東京勤務（総理府婦人問題担当室）となり、銀座で一杯ということが可能になったが、間もなく（一九七九年夏）、私がニューヨークの国連代表部への出向となって去り、翌年春になんと彼女は日本最初の女性大使として、デンマークへ赴任したのだ。ところが、六月には、第二回世界女性会議がコペンハーゲンで開催ということになり、日本政府代表団の首席代表が高橋大使、代表の一人を国連代表部公使の赤松が務めることになった。もちろん赤松は喜んで大西洋を渡り、コペンハーゲンで、高橋展子大使との再会を果たした。

ここでは二人とも大忙しだったから、パーティーなどで立ち話という状態だったので、大会も終わり、静かになったコペンの夏、赤松はまたニューヨークから、北の国の首都を訪問し、再会を喜んだ。さらに大使は国連訪問の機会をみつけ、ニューヨークで赤松公使の歓迎を受けたりもした。やっとニューヨーク生活にも慣れた赤松は、マンハッタンの演劇や、会食に旧友を案内することが可能になっていた。

彼女の人生のハイライトだったデンマーク時代は、日本の女性史にとっても意義ある時代であった。女子差別撤廃条約に日本政府が署名をし、国連婦人の一〇年（Decade for Women）の終わる一九八五年までに同条約を批准すると宣言したのである。あの時代を生きた私たちにとって、第二回世界女性会議、女子差別撤廃条約、男女雇用機会均等法へと連なっていく、その歴史のなかで、高橋展子氏の名とそのあで姿とは忘れられないものであることは間違いない。

（＊ 五代目局長は森山眞弓氏、六代目局長は高橋久子氏。）

## 七代目・婦人少年局長として

時は流れて、私はニューヨークから、東京へ帰任、高橋久子局長のあとを継いで第七代婦人少年局長となる。在任期間中に、局の名は婦人局と変わった。行政改革のなかで、年少労働課が労働基準局へ移り、労働基準局から家内労働問題が婦人少年局へ入った結果、少年という言葉が婦人少年局から取り去られたのである。

したがって、私は初代婦人局長ということになった。もともとこの局のモデルは、アメリカ労働省の Women's Bureau であるから、先祖返りしたようなもので、女性と子どもを一緒にするのは時代遅れとかいってもみたが、長く一緒にやってきた年少労働課がなくなるのは淋しかった。けれど、男女雇用平等法をつくるという歴史的な任務を肩にして、新しい名の局はふるいたっていたといえるであろう。

展子さんも任期満了で帰国、東京での再会を喜び、しばらく銀座や新宿で飲む機会をつくっていたが、この時代は私のほうが法案作業に追われていて、ヒマになった彼女の要望に応えられず、せっかく東京へ帰ったのにと、ご不満を買ったりもした。

## 二人目の女性大使

「男女雇用機会均等法」ができたと思ったら、私がウルグアイへ大使として赴任ということになってしまい、またもや遠く離れる運命であった。しかしながら、これは日本で二人目の女性大使ということで、初めての高橋大使との縁としては、なかなかのものということもできるであろうか。

そしてはるかな南米の都モンテビデオへ、彼女はわざわざ足を運んでくださったのは、感謝というありふれた言葉では表せない気持ちであった。幸い、ウルグアイ大使館の客室は、デンマーク大使館のそれ（びっくりするほど狭かった）よりだいぶ広かったので、のんびり過ごしていただくことができ、かの地の名物アサード（バーベキューのこと）を一緒に楽しむことができた。アサードについては、自著『うるわしのウルグアイ』（平凡社、一九九〇年）にくわしく説明しているが、要するに、野外で松かさなどで焼く網焼き牛肉のことである。ウルグアイの牛肉は日本では考えられない安さで、脂肪の少ないやわらかく美味しい肉なので、牛肉大好きの展子さんはとても気に入り、公邸のアサード小屋で何度となく賞味された。

## 同じ釜の飯

一九八九年一月、ウルグアイでの任期が終わり、赤松が帰国、女性職業財団の会長というポストについたが、前任者は高橋展子氏だったのだから、またもや縁がつながった。彼女は顧問になり、「同じ釜の飯」というわけである。

大いにご一緒できると思ったのだが、このころから彼女は少し高齢化のキザシが見えるような気がした。具体的にいうと、階段の昇り降りが心もとない様子なのである。他の者がさっさと降りたりすると、「若さのオゴリ」だといってご機嫌が悪かった。それに喘息《ぜんそく》気味の咳が増え、苦しいらしく、咳どめの薬を多用する気配が感じられ、これは心臓によくないのではないかと心配をしていた。

それなのに飛行機に乗って旅行するのは好きで、長女（建築家）の方の事務所のある札幌へはよく出かけられた。私はこれにはあまり賛成でなく、というか心配だったのだが、本人が平気ならまあいいかと思っていた。

しかし、七五歳の九月、札幌から帰郷した直後、喘息の発作で入院との急報があり、すぐにかけつけたが、もう意識不明という状態で、翌日には、あっという間にあの世へ逝ってしまわれた。

フットワークの軽い方ではあったが、これには周囲の者はびっくりし、嘆き、惜しんだのはいうまでもないが、私はひたすら悲しかった。四〇年にもおよぶ交誼《こうぎ》、上司であった時期も長かったが、飲み友だち、喜びや怒りを共にした仲、楽しかったりつらかったりの思い出がいっぱいある先輩、クリアな頭脳《あたま》、粋なセンス、魅力的な笑顔、あんな人がそういるものではない。

涙をおさえて、葬儀委員長を務めたのは、せめてものお返しであった。

第七章

# 均等法をつくる

婦人少年局長室にて

## 婦人少年問題審議会のこと

男女雇用機会均等法時代については、『均等法をつくる』（勁草書房、二〇〇三年）に詳述したので、ここでは、そのときの審議会「婦人少年問題審議会」で、とくに印象的だった、忘れられない方がたについて述べたい。

一九七〇年代、婦人労働者（当時はそう呼んでいた）の数は逐年増えつづけており、日本の全労働者のなかに占める割合も三割を超える勢いであったが、その地位の向上という点では、数の増加と比例しているとは、とても考えられない状態であった。職場での女性差別はいっこうに改善されていなかった。極端な例として、結婚退職制や若年定年制などは、女性の側の猛反発を買い、裁判にもちこまれることになったりするわけだが、広範に存在する女性差別をなくすには、きちんとした法律が不可欠だと多くの有識者から認識される時代になっていた。

その声を受けて対応するには「男女差別禁止法」というような法律をつくることが望ましく、法案作成を担当するのは、労働省婦人少年局（当時）であると考えられた。そして関連の審議会として、当然、婦人少年問題審議会が浮上することになる。

この審議会の構成は、他の労働省関係の審議会と同様、労働者側、使用者側、公益（中立＝学識者）の三者構成で、ふだんは局単位の政策を年ごとに審議をするものとして、大きな波風などたたない会であった。したがって、婦人少年局長としても、委員の方がたと適当な距離をとって、おだやかにお付き合いをしていればよかった。

ところが、男女差別禁止法とか雇用平等法とかをつくるというような事態になると、労使の利害はだんぜん対立することがわかり、運営が容易でないのに頭を悩ますことになった。ここをクリアーしなければ、法案の作成は不可能というのだから、通常は年に数回開催していればすむところが、法案提出の期限が迫ってくると、婦人少年問題審議会の婦人労働部会は月に何回、毎週開催というような状態がつづいたのだった。

議論の内容も影響の大きさがわかってくるにつれて激しくなり、灰皿が飛ぶような光景はさすがになかったが、言葉の激しさはなかなかのものであった。そしてそれは、労使間でだけでなく、調整役である事務局＝婦人少年局へも向かってくることがマレではなかった。法案作成にはいろいろな山場があったが、この審議会婦人労働部会の、ときに深夜におよんだ議論も、明らかにそのひとつであったと想い起こしている。

## 労働者側、使用者側の代表の激突

そして登場人物のなかに忘れられぬ人々がたしかに存在する。労働者側のスター、山野和子氏、総評（当時の労働組合の総連合組織）の婦人局長。対する使用者側代表は北村浩氏。日経連（当時は経団連の対労組組織として日本経営者団体連盟が独立していた）の部長。こわもての論客で、山野氏の好敵手。このお二人が互いに一歩も引かずわたりあったのだった。

使用者側の言い分は、国際経済社会のなかで、日本経済の力は伸びたとはいえ、まだまだ脆弱である。女子労働者を男子と平等に扱うような余裕はない。現状維持が精いっぱいで、今以上に負担が重くなったのでは、競争力を失って敗退してしまうだろう。それに、日本の労働基準法は厳しすぎる。すなわち女子労働者は過保護である。すべからく、保護規定を廃して、もっと自由に働かせられるようにすべし、というにあった。

それに対し、労働者側は、雇用平等法によって女子差別を禁止することは、世界の常識であって、それのない日本は遅れていて先進国とはいえない。また、女工哀史の例をひいて、保護規定は絶対必要で、労働基準法の女子保護規定の廃止など断固反対する。既婚女子の就労が増加している現状に鑑み、母性保護規定はより充実させる必要がある、と雇用平等法の制定を強く迫り、労働基準法の保護規定廃止など、もってのほかと主張した。

そこで見られた山野―北村の対決は延々つづいたから、二人の顔の表情は三〇年以上経った今なお忘れられないものである。

審議会での論議が膠着《こうちゃく》状態になっていることの根本原因が、バックにある財界と労働界の考え方の相違にあると見当をつけたので、私はそこのキーパーソンにアタックしなければ、問題は先へ進まないと判断をした。

## 日経連会長・大槻文平氏

まず筆頭にあがったのは、日経連会長の大槻文平《おおつきぶんぺい》氏である。この方は、当時わが国の経済界では誰一人知らぬ者とてない大物だったが、身体のほうも人一倍大きく、小柄な私にとっては、ひどく重圧感を与える人物だった。何しろ明治男で、大企業の社長（会長だったか？）で、強情を絵に描いたようなおじさまなのである。

この方を説得するのは、まったく容易なことではない。そして実際、最後まで、職場における女子差別廃止が、わが国においても重要課題であることへの理解はしていただけなかったのではないかと思えるのだが。

でも、しかし、何度もお会いして、婦人少年局長がしぶとく説明に伺っているということが大切なのだと、私は思い定めていた。

財界の代弁者である審議会の委員の方が、最後まで雇用平等法制定に反対をつづけはしたが、公益委員の調停には応じて、「建議」の作成に反対意見を付すことで妥協をしてくれたのは、会長はじめ幹部の方がたへの根まわしが奏功したと見ることに無理はなかったといえよう。

とにかく、何度もお会いしていれば、人間ケンもホロロという態度ではなくなるわけで、この財界の大物の印象も、敵ながらあっぱれな方として、忘れられぬ人になったのである。

## 大物にも臆せず・堤清二氏

経済界の代表のなかで、日経連の大槻会長と対照的だった方として忘れられぬ人がある。その名は堤清二、ペンネーム辻井《つじい》喬《たかし》がその人で、何が対照的かというと、体が小柄で年が若く（大槻―明治、堤―昭和）、業種（堤―百貨店、大槻―三菱セメント）が異なり、女性を差別することは社会的に不公正であるばかりでなく、会社にとっても不利益という考えであったこと、などであった。

労働大臣主催の懇談会の席上で、女性の差別をめぐってこのお二人は、まさに火花を散らしてわたりあったことがある。通常労使の間の意見が対立して激論になることはあったが、使用者代表の方の間で大議論が展開することなど、めったにないことなので、この場面は忘れられないものであった。

女子を差別することによって利益を増やすことは、企業の存在にとって不可欠といいきることは、大槻氏の本音であるにしても、なかなか勇気のいることではないかと、その議論を聞いていた新聞記者の方たちの多くは感じられたようで、当日の記事は通常よりも大きく読みごたえのあるものだった、との印象が今も残っている。親ほど年の違う大物に臆《おく》せず立ち向かった堤清二氏は、忘れられぬ人である。

# 優れた戦略家・山野和子氏

## 女子保護規定の撤廃に抗して

「男女雇用機会均等法」（均等法）をつくるプロセスで、私の前に立ちはだかる壁の一つが大槻文平氏だったとすると、もう一つの壁は総評（日本労働組合総評議会）の女性局長・常任幹事の山野和子氏であった。

この方の立場は、労働組合の代表であるばかりでなく、広く女性団体の女性闘士たちを代表するものと、自他ともに認められていたといえた。そして彼女自身、優れた戦略家であった。

均等法（案）の作成の前提となる婦人少年問題審議会の婦人労働部会には、労働者側の委員として、山野氏のほか、同盟（全日本労働総同盟）の青年婦人対策部副部長の高島順子氏もおられたが、まだ年も若く、労働運動での経験も山野氏にとてもおよばなかったから、表舞台での議論はもっぱら山野氏の役であった。彼女は心の中では男女平等法を労働省が提案することは、女子差別撤廃条約を批准するうえで必要不可欠であると思っており、条約批准は女子労働者にとっても意味深いものと信じていたのだが、そんなことは労働省には知らせず、あくまで労働基準法の改悪＝女子保護規定の撤廃には絶対反対という立場に立って、ひるむことなく発言した。

男女平等を徹底しようとすれば、女子のみの保護は両立し得ないと、彼女を説得することは容易でなく、女工哀史の現実がまだあるという現場出身の彼女の主張の前にはかすんでしまう場面がしばしばであった。論客という言葉があてはまる女性がたしかにいたと、忘れられない人である。

彼女の心の中では、「男女雇用機会均等法」は必要なのだと思っていた、という真実を私が知ったのは、彼女があの世へ逝ってからのことであった。没後、何年かたって、あの好敵手であった山野和子氏を偲ぶために、彼女の出身地の三重県津市を訪れたときのことである。びっくりしたのは、彼女が津では大変な名士として名を残しており、それがなんと「男女雇用機会均等法の生みの親」としてなのであった。

そんなバカな！　均等法の成立に立ちはだかった闘士が山野さんではなかったか、と私は唖《あ》然《ぜん》としたのだが、彼女を送り出した町では、まったく逆のことが信じられていたのだった。ということは、均等法の意義を彼女は非常に高く認めており、それゆえ、その成立に自分が貢献したのだと、まわりの人々に信じこませていたのだ、とわかったのである。それが彼女の本当の気持ちだったのなら、何故あんなに法案の成立に立ち向かったの？　と私は狐につままれたような思いで津の町を去った。

そして考えた末の結論は、こうである。彼女は均等法成立を望んでいた。しかし、政府対総評という対立の構図のなかで、総評代表である自分は、政府を苦しめるのが役目である。だから、いろいろ手続き上のことで難くせをつけて、政府を困らせるのをよしとしていた。政府＝婦人少年局が窮地に陥っていると快哉《かいさい》を叫んだ。

けれども、均等法成立が不可能になるようなことはしなかった。さんざん困らせて、自分の力を見せたあと、均等法成立への道を開いたのである。

ウーン、何という策士か。だが、腹をたてるのはやめよう。あの人が女子差別撤廃条約の重要性を知り、その批准のために「男女雇用機会均等法」の成立が必要であることを認識していたからこそ、彼女は婦人少年局を最後まで追い詰めなかった（私は用意した辞表を出さずにすんだ）のである。まったくすごい人なのだ。

策士というものはやっぱりストレスが大きいのであろう。総評の女性局長として猛威をふるった山野和子氏の生命《いのち》はあまり長くなかった。二〇〇三（平成一五）年九月、あの雄弁家が声を失い、苦しい闘病生活のあと、七六歳で旅立たれた。彼女を追悼する『凪となれ土となれ』（「山野和子さんを偲ぶ会」実行委員会、二〇〇五年）によって、そのたたかいの人生を総合的にたどることができるのは幸いである。でも私にとって一番忘れられないのは、あの審議会での奮闘である。

## 部会長・渡辺道子氏

あのときの審議会の重要メンバーで、もう一人忘れられない人がある。それは婦人労働部会の部会長をずっと務められた渡辺道子氏である。この方の職業は弁護士。お年からいって（私より一〇歳以上上）、日本で司法界に女性が進出した初期のころに、司法試験に合格されたのだろうと推察していた。

とても誠実な一途な方であったから、こちらも真面目にきちんと説明や報告をしていた。だがまれに困ったこともあった。頭は良いのだけれど、融通がきかないのである。会議の進行状況を発表するにあたって、メリハリをつけたり、あったことをなかったとはいわなくとも、しばらく伏せておく、ということをしたい事務局の思いを理解できなくて、ムキになって怒られたことがあった。正直なだけではやっていけませんよ、と子どもにいうようなことをいいたかったのを記憶している。

それ以外は、時間に正確なことといい、無理をいわない正義感といい、本当に素晴らしい部会長だったと忘れられない方である。

●写真の掲載にあたって

本書に掲載した写真は、赤松良子所蔵のもの、撮影・安陪陽子氏のご協力のものを中心に収録しています。

写真の年代・場所など不明のもの、撮影者・提供者が確認できないものもあります。

ご指摘、ご教示いただければ幸いです。

＊現在では使われていない国名、地名、用語も、歴史的用語としてそのまま使用しています。

# あとがき

『続 忘れられぬ人』を書きあげてほっとしている。今年中にお送りできれば、いちおう米寿の年のプレゼントとして間に合うわけである。

今ご存命の方で忘れられない方がおられるのはたしかなのだが、鬼籍《きせき》に入られた方を、と書いてきたので、私自身が鬼籍に入るまでに、書いておくには、どうすればよいかを考えなければならない。忘れられぬ人というのは感謝しなければならない方という意味も含んでいるのだから、書くのを忘れたのではバチがあたるかもしれないからである。

校正ゲラを読み直していて、「ああ、あの方を書いていない。あっ、まだある」と気がつくのに、困ったような、でもちょっと嬉しいような気持ちがする。思えば、ずいぶん多くの方にお世話になって短くない人生を生きてきた。そして今なお、お世話になりつづけていると実感できるのは、本当に幸せである。私のことを「運が良い」といってくださる方があるが、そうだとすれば、優しい方、すぐれた方、ゆきとどいた方、そして人生の寂しさを共有できる方を友としてもてたことだったと、米寿の年に思いあたっている。

私の近況について、九月以降の大きな変化といえば、猫を飼うことにして、可愛い三毛猫（ＭＩＭＩ）と一緒に暮らしていることである。「愛らしいものが家で待っている」という感覚はやっぱり悪くない。たとえ、指にひっかき傷や噛《か》み傷がたえないことになろうとも……。

残念なのは、彼女の鳴くニャーオという声がよくは聞こえないことである。補聴器は何種類も持っているが、家で猫と遊んでいるときにまでは使っていないせいで、これはＭＩＭＩに悪いかしらと思わないでもないが、どうせ意味はわからないのだから、許してもらいましょう。ダンボール（大）六個の嫁入り道具とともに、ＭＩＭＩをくださった友にお礼を申しあげます。

二〇一七年一一月

赤松　良子

## 赤松良子　略年表

| 年号 | 個人年表 | 関連事項 |
|---|---|---|
| 一九二九（昭4） | 大阪市天王区勝山通に生まれる。父赤松麟作・母浅香 | 世界恐慌始まる<br>南米エクアドルで婦人参政権実現 |
| 一九四二 | 大阪市天王区立五条小学校卒業<br>大阪府立夕陽丘高等女学校入学 | 大日本婦人会結成 |
| 一九四五 | | 敗戦　婦人参政権実現 |
| 一九四六 | 同高等女学校卒業<br>神戸女学院専門学校入学 | 天皇「人間宣言」<br>婦人参政権行使（女性衆院議員三九名）<br>国連「婦人の地位委員会」設立 |
| 一九四七 | 同校退学<br>津田塾専門学校入学 | 日本国憲法施行<br>労働基準法制定　労働省発足 |
| 一九四八 | | 優生保護法制定 |
| 一九四九 | | S・ボーヴォアール『第二の性』 |
| 一九五〇（昭25） | 同校英語学科卒業<br>東京大学法学部入学 | 朝鮮戦争勃発 |
| 一九五一 | | サンフランシスコ講和会議<br>ＩＬＯ一〇〇号「男女同一賃金」条約採択 |
| 一九五二 | 国家公務員六級職採用試験（法律）合格 | 対日平和条約、日米安保条約発効 |

| | | |
|---|---|---|
| 一九五三 | 東京大学法学部卒業<br>労働省入省、婦人少年局婦人課に配属<br>結婚 | ＩＬＯ 一〇三号「母性保護」条約採択<br>スト規制法公布<br>第一回全国婦人会議 |
| 一九五六 | 出産 | 日本、国連に加盟 |
| 一九五八 | 埼玉労働基準局調査課に転任 | 警職法改正国会上程 |
| 一九五九 | 社会政策学会で「婦人労働者の保護」発表 | 最低賃金法公布 |
| 一九六〇<br>（昭35） | 職業安定局労働市場調査課に転任 | 安保反対闘争<br>中山マサ、初の婦人大臣（厚生大臣）<br>バンダラナイケ、初の女性首相（スリランカ） |
| 一九六三 | アメリカへ（国連のフェローシップ） | ケネディ暗殺<br>老人福祉法公布<br>Ｂ・フリーダン『フェミニン・ミスティーク』 |
| 一九六四 | イギリス、ドイツ、フランス、スイス、イタリア歴訪<br>婦人少年局婦人労働課に転任 | アメリカ公民権法<br>母子福祉法公布 |
| 一九六六 | 同局年少労働課長補佐 | 結婚退職制無効の住友セメント事件判決<br>ＩＬＯ八七号「結社の自由及び団結権の保護」条約発効 |

| | | |
|---|---|---|
| | | インディラ・ガンジー、首相となる（インド） |
| 一九六八 | 群馬労働基準局労災補償課長 | 電電公社・育児休職制度を実施 |
| 一九六九 | 婦人少年局婦人労働課長補佐 | 沖縄返還闘争<br>労働基準法研究会設置 |
| 一九七〇（昭45） | 婦人少年局婦人課長に昇進 | 家内労働法公布 |
| 一九七一 | 勤労婦人福祉法案立法準備室長兼任 | 婦人参政権二五周年記念会議　『目で見る婦人の歩み』出版<br>縫田曄子、東京都民生局長に<br>秋田相互銀行、初の男女同一賃金公判闘争 |
| 一九七二 | 婦人少年局婦人労働課長 | 勤労婦人福祉法制定 |
| 一九七三 | 「ＯＥＣＤ・経済社会における婦人の役割について」の専門家会議出席（ワシントン）<br>アメリカ労働省訪問 | 第一次オイルショック |
| 一九七四 | 「ＯＥＣＤ・経済社会における婦人の役割について」作業部会に出席（パリ）<br>フランス・イタリア労働省訪問 | 名古屋放送女子若年定年制事件判決<br>男女平等問題研究会議発足 |
| 一九七五 | ＩＬＯ第六〇回総会・日本政府代表顧 | 国際婦人年世界会議（メキシコ） |

| | | |
|---|---|---|
| | 問（ジュネーブ）<br>山梨労働基準局長 | 婦人問題企画推進本部発足<br>婦人参政権行使三〇周年記念式典<br>国際婦人年日本大会（四一団体）<br>イギリス性差別禁止法施行 |
| 一九七六 | 『解説　女子労働判例』（編著、学陽書房） | 「国連婦人の十年」（七六～八五年）<br>緒方貞子、初の女性国連公使<br>高橋展子、ＩＬＯ事務局長補に |
| 一九七七 | 『日本婦人問題資料集成　三巻　労働』（編集／解説、ドメス出版） | 「国連婦人の十年」国内行動計画策定 |
| 一九七八 | 内閣総理大臣官房参事官（総理府婦人問題担当室長）<br>「国連婦人の十年」中間年世界会議準備委員会に出席（ウィーン） | 日本鉄鋼連盟の女性労働者、男女差別賃金・配転是正を提訴 |
| 一九七九 | 国連日本政府代表部公使<br>国連第三四回総会日本政府代表 | Ｍ・サッチャー、イギリス首相に<br>第三四回国連総会「女子差別撤廃条約」採択 |
| 一九八〇（昭55） | 「国連婦人の十年」中間年世界会議日本政府代表（コペンハーゲン）<br>国連第三五回総会日本政府代表 | 高橋展子、初の女性大使<br>田中寿美子、社会党副委員長<br>「国連婦人の十年」中間年世界会議にて日本政府、「女子差別撤廃条約」に署名 |
| 一九八一 | 国連第三六回総会日本政府代表 | |

| | | |
|---|---|---|
| | 国連日本政府代表部特命全権公使に昇格 | |
| 一九八二 | 第二回国連軍縮特別総会日本政府代表<br>高齢者問題世界会議日本政府代表（ウィーン）<br>労働省婦人少年局長 | 育児休業制度普及促進旬間設置<br>初の女性税務署長 |
| 一九八四 | 同省婦人局初代局長 | 男女雇用機会均等法衆院可決 |
| 一九八五（昭60） | 「国連婦人の十年」世界会議日本政府代表（ナイロビ）<br>『詳説 男女雇用機会均等法及び改正労働基準法』（日本労働協会） | 男女雇用機会均等法成立<br>女子差別撤廃条約批准<br>労働者派遣法成立<br>「国連婦人の十年」最終年世界会議（ナイロビ） |
| 一九八六 | ウルグアイ東方共和国駐在特命全権大使<br>国連女子差別撤廃委員会委員に当選 | コラソン・アキノ、大統領に就任（フィリピン）<br>土井たか子、社会党委員長に就任 |
| 一九八七 | 同委員会に出席（ウィーン） | 労働基準法改正<br>長尾立子、厚生省初の女性局長 |
| 一九八八 | 同右（ニューヨーク） | |
| 一九八九 | ウルグアイより帰国　退官<br>女性職業財団会長　国際女性の地位協会会長　婦人問題企画推進本部参与 | 海部内閣に女性閣僚二名、森山眞弓、初の女性官房長官 |

| | | |
|---|---|---|
| | 児童福祉審議会委員 | |
| 一九九〇（平2） | 法制審議会委員　雇用審議会委員<br>国連女子差別撤廃委員会委員に再当選<br>『赤松良子　志は高く』（有斐閣）<br>『うるわしのウルグアイ―女性大使の熱い三年』（平凡社） | 国連難民高等弁務官に緒方貞子 |
| 一九九一 | | 育児休業法公布 |
| 一九九二 | 文京女子大学教授　九七～同大学院教授 | |
| 一九九三 | 文部大臣に就任（細川内閣で） | 衆議院議長に土井たか子 |
| 一九九四 | 同（羽田内閣で） | 最高裁判事に高橋久子 |
| 一九九五 | | 第四回国連世界女性会議（北京） |
| 一九九六 | | 「男女共同参画二〇〇〇年プラン」決定 |
| 一九九七 | 「赤松良子賞」を設立 | 「均等法」改正公布 |
| 一九九八 | びわ湖ホール　オペラハウス館長 | |
| 一九九九 | WIN WIN代表<br>朝日新聞オンブズマン | 「男女共同参画社会基本法」公布 |
| 二〇〇〇 | | 国連特別総会「女性二〇〇〇年会議」（ニューヨーク） |

| | | |
|---|---|---|
| 二〇〇三 | 旭日大綬章を受章<br>『均等法をつくる』（勁草書房） | |
| 二〇〇五 | 記録映画『ベアテの贈り物』（製作委員会代表） | 「男女共同参画基本計画改定に当たっての基本的な考え方」を答申 |
| 二〇〇八 | 日本ユニセフ協会会長 | S・ボーヴォアール生誕百年 |
| 二〇一〇 | | 「第3次男女共同参画基本計画策定に当たっての基本的な考え方」答申 |
| 二〇一三 | 『時代を視る』（パド・ウィメンズ・オフィス）『クオータ制の実現をめざす』（監修　同） | |
| 二〇一四 | 『忘れられぬ人々　赤松良子自叙伝』（ドメス出版） | |

赤松　良子（あかまつ りょうこ）

1929年　大阪府生まれ
1950年　津田塾専門学校英文学科卒業
1953年　東京大学法学部卒業、同年、労働省に入省
1979年　国連日本政府代表部公使に就任、女子差別撤廃条約に賛成の投票を行う
1982年　労働省婦人少年局長に就任、男女雇用機会均等法の立案に当たる
1984年　労働省婦人局初代局長に就任
1986～89年　駐ウルグアイ大使
1989年～　女性職業財団会長。国際女性の地位協会会長、文京女子大学教授などの職を務める
1993～94年　細川、羽田内閣で文部大臣に就任
1997年　国際女性の地位協会10周年を記念して「赤松良子賞」を設立
1999年　政治の分野への進出をめざす女性を支援するネットワーク、WIN WIN設立、代表に
2008年より日本ユニセフ協会会長、現在にいたる

著書・編著
『解説 女子労働判例』（編著 学陽書房 1976年）
『日本婦人問題資料集成 第三巻 労働』（編集/解説 ドメス出版 1977年）
『詳説 男女雇用機会均等法及び改正労働基準法』（日本労働協会 1985年）
『赤松良子 志は高く』（有斐閣 1990年）
『うるわしのウルグアイ―女性大使の熱い三年』（平凡社 1990年）
『均等法をつくる』（勁草書房 2003年）
『時代を視る』（パド・ウィメンズ・オフィス 2013年）
『クオーター制の実現をめざす』（監修 パド・ウィメンズ・オフィス 2013年）
『忘れられぬ人々 赤松良子自叙伝』（ドメス出版 2014年）ほか

続 忘れられぬ人々　赤松良子自叙伝

2017年12月1日　第1刷発行
定価：本体2000円＋税

著　者　赤松　良子
発行者　佐久間光恵
発行所　株式会社 ドメス出版
　東京都文京区白山3-2-4　〒112-0001
　振替　00180-2-48766
　電話　03-3811-5615
　FAX　03-3811-5635

印刷・製本　株式会社 太平印刷社


ISBN978-4-8107-0837-0 C0095